产业经济与区域经济研究丛书

教育部人文社会科学项目资助(编号:11YJA790202)

农业产业集群动力机制研究
——理论探索与实证检验

曾　光　莫小玉　著

武汉理工大学出版社

图书在版编目(CIP)数据

农业产业集群动力机制研究:理论探索与实证检验 / 曾光, 莫小玉著.—武汉:武汉理工大学出版社, 2017.10
(产业经济与区域经济研究丛书)
ISBN 978-7-5629-5539-9

Ⅰ.①农…　Ⅱ.①曾…　②莫…　Ⅲ.①农业产业–产业发展–研究–中国
Ⅳ.①F323

中国版本图书馆 CIP 数据核字(2017)第 127245 号

项目负责人:李兰英　　　　　　　　责任编辑:李兰英
责任校对:雷红娟　　　　　　　　　封面设计:匠心文化
出版发行:武汉理工大学出版社
地　　址:武汉市洪山区珞狮路 122 号
邮　　编:430070
网　　址:http://www.wutp.com.cn
经　　销:各地新华书店
印　　刷:荆州市鸿盛印务有限公司
开　　本:710 mm×1000 mm　1/16
印　　张:12.25
字　　数:190 千字
版　　次:2017 年 10 月第 1 版
印　　次:2017 年 10 月第 1 次印刷
定　　价:69.00 元

目　录

1 导　　论

1.1　研究背景

在进入正题之前,看一篇刊登在《江西日报》(2016 年 1 月 12 日)上的题为《我省农业产业集群集聚效应凸显》的新闻报道:

我省紧紧围绕现代农业强省建设目标,大力实施农业产业集聚工程,着力培植壮大 75 个农业产业集群,基本形成了一二三产深度互动、融合发展的新格局,集群的规模化、产业化、科技化水平骤增,农业产业集群集聚效应凸显。去年,全省 75 个集群农产品基地规模达 1400 万亩,完成销售收入 1673 亿元,同比增长 8.63%;带动农户 302 万户,同比增长 15.30%;户均增收近 4000 元,同比增长 11.25%;集群内农产品加工率达到 68%,品种优质化率达到 95%以上,农业科技进步贡献率达到 60%以上,农业设施化比重达到 65%以上,均明显高于全省平均水平。

我省坚持用工业化思路发展农业、产业化要求经营农业、现代科技提升农业、专业合作社形式组织农业,不断优化资源配置,加快现代农业示范园区建设,推动优势产业向优势地区、优势园区聚集。各地坚持以创新财政支农平台为保障,破解产业集群发展瓶颈,支持产业集群发展。去年,我省继续整合涉农资金 35 亿元,建设高标准农田,推动粮食集群发展;整合资金 5000 万元,重点支持

5 个现代农业示范园区建设,带动集群升级;继续安排农业产业化专项资金 1 亿元,支持产业化发展,提高集群农产品加工水平;安排现代农业发展资金,重点支持粮食、蔬菜、果业、水产等主导特色产业发展。

省农业部门紧紧围绕 75 个农业产业集群,打造了一批规模化、标准化、集约化的绿色有机农产品基地,提高了产业发展集中度。2015 年,全省 75 个产业集群绿色有机农产品逾 1000 个,农产品地理标志 60 多个。各地按照"做强核心区、提升示范区、扩大辐射区"要求,大力实施"百县百园"工程,全省初步形成了产业集群支撑园区发展、园区建设推动产业集群升级的良好互动局面。目前,建设初具规模的示范核心园 105 个,核心区建设面积 80 万亩、驻园省级龙头企业 238 家,园区内企业累计完成投入 291 亿元,吸纳就业人数 85 万人。

上述报道描述了当前中国很多农村地区通过培植农业产业集群,促进地方经济发展,增加农民收入的鲜活的现实。

由于资源配置的差异,以及经济发展过程中劳动力和资本等要素在空间上的快速流动,无论是发达国家,还是发展中国家,长期以来都存在着严重的城市和农村之间经济和社会发展的二元结构现象。对于大多数农村地区而言,区位的劣势导致其不仅没有获得工业化和城市化发展带来的好处,反而成为其他城市和工业发达地区要素资源的输出地。大量农村青壮年劳动力流向城市,而当地的经济持续衰退,一些地区甚至因为人口流失过度而出现社会和经济运转难以维持的现象,城乡差距持续不断地扩大。正因为如此,长期以来,各国政府都在积极探索有效的农村经济发展战略,试图改变城乡二元结构的局面。

第二次世界大战以后,美国、法国等发达国家为改变农村地区的落后状况,提出了发展农村经济的招商引资战略,并取得了一定的成效。随后广大发展中国家也纷纷效法,加大了农村地区招商引资的力度,进行经济结构调整和体制改革,推进民营化和自由化政策,取得了较大的成就。如有效地改善了农村地区资金短缺、经济和环境的状况，提高了服务的质量；引进先进技术、设备和管理方法，促进了产业结构的调整，在一定程度上带动了农村地区经济发展，增加了当地财政收入，扩大了就业；培养了一批具有现代企业家精神的复合型人才，为农村地区的经济建设提供了软实力资本；降低了农村地区企业发展的创新成本等。但是，招商引资战略在实践过程中也存在很多问题，一旦该发展模式运用不当，对资金缺乏、资源环境还十分脆弱的落后农村地区来说，会带来极大的灾难。如一味地追求经济利益，导致引资效率低下；占用农村土地，影响当地企业的公平竞争，造成经济产业结构失衡；不注重所引进项目的质量，导致一系列的环境破坏问题。同时，土地征用对农民的利益造成了更大的损害；当地政府滥用职权，助长了政府官员寻租性腐败等现象，致使政府陷入信用危机，助长了地方保护主义等。因此，也有学者将这种发展模式称为"外来型"发展模式，有的学者甚至直接称之为"殖民地型"发展模式。

从 20 世纪 80 年代开始，随着世界工业化进程的加速，工业部门的发展速度远远超过了农业部门的发展速度，工业自身的剩余除了支持工业化的进一步发展外，还可以支持包括农业部门在内的其他产业发展；而传统的农业部门由于其增加生产要素投资的边际收益率相对较低，对储蓄和投资缺乏足够的吸引力，加之农业生产剩余长期向工业部门进行转移，导致其发展速度极其缓慢。因此，很多国家开始实行了工业反哺农业的发展战略。通过政策反哺、技术反哺、人才反哺、体制反哺等多种反哺方式，在政策取向上调整国民经济关系格局，促进农业产业由辅助型农业向现代农业转变，取得了巨大的成效。尽管工业反哺农业是世界各国普遍实行的发展模式，在许多国家（尤其是发达国家和新兴工业化国家）取得了成功，但这种模式也存在着巨大的潜在风险。因为相对于工商业资本和企业而言，农业和农村处于明显的弱势地位，一旦不能有效地限制工商业资本对农业的剥削，则该战略不仅不能起到对农业的反哺作用，工商业资本的投资反而会成为农业资本、农民财富的"抽水机"。因此，该战略在实施的过程中，受到了很多批评。

综合来看，无论是招商引资战略，还是工业反哺战略，这些外来型的农村发展战略模式都存在很大的弊端，如工业及工业区位是有其内在发展规律的，并不是在任何地方都适合建立现代化的企业群；即使部分落后的农村地区通过招商引资或者工业反哺战略能够从外部引进一些企业，但这些企业大多也只是许多大型企业设置的分厂或经营机构，它们拥有自我完善的独立分工体系，很难与当地农村本身所具有的产业体系相融合，也很难培育其根植性；从外部引进的企业中有许多是对环境有害的，因为不是本地企业，且以追求利润为目的，因此对当地的环境和资源保护缺乏责任感。

在此背景下，一种新的基于农村地区"自我发展"的内源型农业发展战略模式，即内生式农业发展模式开始在各国出现。具体来说，从20世纪70年代开始，在美国、日本等国家，落后农村地区纷纷开始通过实行"草根运动"来发展当地经济，而在此之前，这些落后地区的经济发展往往依赖于招商引资和工业反哺等发展战略。农村地区村民发起的"草根运动"，基于社区的"自我发展""一村一品"等内生式发展实践，对广大落后农村地区的发展战略具有重大的启示和示范效应。

与招商引资、工业反哺等外来型农村发展战略模式相比，内生式发展战略更加注重对农村地区生态环境及当地农民利益的保护，是一种更具有可持续性的发展模式。内生式发展模式所强调的，不只是促进农村经济与就业获得一定程度上的短期发展，而且强调基于本地资源、历史、文化与居民参与来制定农村地区经济和社会发展的长期目标，自主选择、开发、建立完整的产业体系，从源头上解决就业问题，促使村民收入增加，进一步缩小城乡差距，促进当地经济健康持续发展。总的来说，农村内生式发展战略提供了一种全新的适合落后农村地区经济和社会发展的模式，其推崇多元化的发展目标，考虑当地居民的利益，重视基层组织建设的理念，探索出了一条民主分散、注重文化和生态的新道路。

尽管许多学者从不同的层面论述了内生式发展模式，但到目前为止，内生式发展模式还没有形成清晰的理论体系①。尽管内生式发展战略的目标是一致的,但实现目标的方式却是多种多样的。具体而言,就是在尊重本地自然生态环境的基础上,充分利用外部的先进技术和制度,对本地固有的资源和传统文化遗产进行自主的改造和创新,并创造出更大的价值。而农业产业集群,是实践中运用较多的内生式发展战略实现的方式之一。本书将对农业产业集群的相关理论进行系统的梳理,并结合国外的相关案例,对农业产业集群的形成和发展机制,及其对广大落后农村地区经济、社会发展的促进作用等内容进行全面的分析。在此基础上,通过实地调研,对潜江市小龙虾产业集群的现状、竞争力进行评价,并对产业集群的动力机制进行实证研究,以期为中国农业产业集群的建设及可持续发展提供参考和借鉴。因此,在本书进入正题之前,先对农业产业集群动力机制的相关内容进行综述。

1.2　农业产业集群动力机制文献综述

农业产业集群是农业和农村经济发展的重要产业组织形式,是现代农业建设的方向之一,对促进国家和地区经济的增长具有重大意义。目前,对农业产业集群概念的界定,学术界还没有一个较为统一的认识。国

---

①　胡霞(2011)指出,由于内生式发展模式本身强调的是多元的发展过程,因此很难像西方经济发展理论那样有严密的逻辑结构,从现有理论归纳的要点和基本原则主要有:内生式发展特别突出的是内生性质,也就是说,落后的农村地区的人们自身有解决地区发展难题的激情并付诸实际行动,而不是简单地依赖国家扶持政策和外部资本的进入,将地区发展的当事人摆在从属的地位。在内生式发展理论中,发展的目标是统一的,而实现目标的方式则可以是多样的。从各种成功的内生式发展的实践分析,具有创新能力的关键性人物是内生式发展不可缺少的因素。推进内生式产业体系建设的方法有两种,一种是根据现代社会需求变化的趋势,发展壮大现有的产业,特别是与区域内生态环境和自然资源相适应的农林业和旅游业;另一种是对于当地居民生活以及对于现有产业的配套有必要的产业领域,要利用本地资源、技术,依靠本地的资金和管理经营能力发展起来。从内生式发展的条件来看,对外来产业诱致结果的失望以及由此而来的地区落后的危机感,有助于推动当地人们自主的创新活动。

外的研究更多的是将农业产业集群与食品加工集群,以及农业企业集群结合在一起,基于此,对农业产业集群概念的界定主要有两条思路:一条思路是从农业产业集群活动的视角出发,如将农业和食品加工业产业集群活动归为农业生产、农业支持和增值加工这三种形式(Oklahoma Governor's Council for Workforce and Economic Development,2005);另一条思路则是从产业集群要素的组成进行考察,如认为农业产业集群由农业生产、食品加工和农场投入制造等三个子集群所构成(Kulshreshtha 等,2005)。国际经合组织(OECD)认为,农业产业集群是指一组在地理上相互临近的以生产和加工农产品为对象的企业和互补机构,在农业生产基地周围,由共性或互补性联系在一起而形成的有机整体;而有的学者则强调农业产业集群的属性,如集聚效应、竞争与合作效应、分工与协作效应、区域效应、品牌效应等。在本书中,我们在综合现有文献的基础上,认为农业产业集群是在农业产业范围内,地理上相对集中的农户、企业、政府、资源设施、组织机构、市场等要素通过相互替代或者相互补充等方式协同发展,产生交易费用降低、规模经济、外部范围经济、知识技能快速流动等集聚效应,从而形成的相互联系的有机群体。

进入 21 世纪后,伴随着农业产业集群实践的不断发展,国内学者也开始关注农业产业集群的相关问题,对于农业产业集群的概念,尽管由于关注重点不同而有所差异,但其内涵主要集中在三个方面:农业产业集群以农业或与农业有关联的企业为基本单位;农业产业集群具有空间地域的集聚特征;农业产业集群是集群内部成员柔性结合的有机整体。

在农业产业集群众多的研究视角中,动力机制是研究的核心问题之一,众多流派和学者都尝试从不同的角度对农业产业集群的动力机制进行研究。在本节中,我们试图对国内外农业产业集群动力机制的文献进行综述,对已有的研究成果和存在的各种争论进行梳理和述评。本节接下来的内容安排如下:鉴于农业产业集群动力机制的构成和作用原理较为复杂,其概念一直比较模糊,因此,首先对其内涵进行梳理;然后从多学科的角度,对农业产业集群动力机制不同学派的观点进行论述;接着从理论模型和实证模型两个方面,对现有的研究方法进行归纳和总结;最后是对农业产业集群动力机制未来研究的展望。

1.2.1 农业产业集群动力机制的内涵

产业集群动力机制有着复杂的构成和作用原理,其概念也一直很模糊(有关产业集群动力机制研究的文献综述,在本书第7章中有较为详细的综述),与之相对应,对农业产业集群动力机制进行研究和探讨的文献就更少,现有的研究也大多是沿袭产业集群动力机制的研究思路和方法。从现有文献来看,几乎没有对农业产业集群动力机制的内涵进行明确分析和界定的,一般主要从组成要素、组成要素的动力来源及生命周期理论等视角展开。

1.组成要素视角

从组成要素来看,农业产业集群动力机制是指促使农业产业集群形成和发展的一切有利因素。这些因素主要包括资源禀赋、产业环境、外部环境、竞合条件、组织结构、路径依赖等,这些因素通过互替或者互补等方式协同发展,产生交易费用降低、规模经济、外部范围经济、知识技能快速流动等集聚效应,从而形成相互联系的有机群落(王艳荣、刘业政,2011;王栋,2009;李渝萍,2007等)。

王锦旺等(2008)基于内生增长理论分析,指出地理环境、文化环境、政治环境等因素在农业产业集群动力机制形成和发展中发挥着重要的作用;而以藤田久保(Fujita Masahisa,2006)为代表的新经济地理学派,突破了传统的新古典理论学派有关农产品为同质产品的基本假定,构建了基于本地资源的差异化的农产品形成和发展模型,强调包括自然、历史、文化以及人力资源等要素在内的本地资源促使的"草根运动",是农业产业集群形成的源动力和最基本因素。在强调本地资源的"内源动力"的同时,该模型也强调了政府和外来力量在农业产业集群动力机制中发挥的重要作用,即政府对基础设施建设的投入和维护以及为保护品牌而制定的专利及保护制度等行为,是集群形成和发展的重要外在因素;而外来力量所带来的竞争和创新,则是农业产业集群得以持续发展的主要外在动力机制。

2.组成要素的动力来源视角

刘恒江、陈继祥(2005)对产业集群的动力机制进行了较为详细的文献回顾,根据产业集群组成要素不同的动力来源,将产业集群动力机制划分为内源动力机制和外源动力机制。根据各学科的研究,认为内源动力机制是一种自发的内在力量,表现为分工互补、降低交易费用、知识共享、外部经济、规模经济、网络创新等;而外源动力机制主要来源于外部环境与国家(政府)有意识地对集群进行的规划、调控行为,表现为外部竞争、区域品牌意识、集群政策等。周新德等(2009)则在此文献的基础上,认为农业产业集群也具有同样的内源和外源动力机制,并认为在农业产业集群动力机制中,内源动力机制和外源动力机制相辅相成,它们的协同作用组成了动力机制系统,而动力系统的非线性、动态性的整体运作推动了集群的发展,使得集群成为一个有机的群体。

3.生命周期理论视角

周新德(2009)基于生命周期理论的相关内容,从农业产业集群发展周期阶段的视角,对农业产业集群形成和演化的机理进行了分析,认为农业产业集群有一个形成和发展的过程,通常都要经历一个从低级到高级直至衰亡的生命周期阶段。每个不同的阶段是在一定的内力和外力共同作用下完成的,这种共同作用的合力就是动力,是驱动农业产业集群形成和发展的一切有利因素。进一步地,根据各阶段表现出的特征,将农业产业集群生命周期划分为孕育、成长、成熟和衰退四个阶段,其中流入效应、乘数效应和流出效应共同交互作用,在不同的阶段各效应具有不同的作用,推动集群的形成和发展。

同样地,黄汉权(2007)把农业产业集群的形成过程分解为起始阶段(初始企业产生的过程,创业机制成为主要推动力)、雏形阶段(模仿企业产生的过程,模仿机制成为主要推动力)、扩张阶段(外部规模经济的形成和集聚效应的产生,集聚机制成为主要推动力)以及生产和服务网络化阶段(具有正反馈功能的自组织,网络化机制成为主要推动力)四个阶段,并分析得出各阶段的主导动力机制分别为创业机制、模仿机制、集聚机制以及网络化机制。农业产业集群形成过程中不同阶段的不同动力机制交互更替,共同推动着农业产业集群的形成。

综上所述,我们可以将农业产业集群动力机制理解为驱动农业产业集群形成和发展的各种动力因素所形成的动力结构体系及运行规律,这种结构体系和运行规律具有很强的稳定性。

1.2.2　理论基础

随着国内外对农业产业集群动力机制问题研究的不断深入,从其研究的理论基础来看,与产业集群动力机制的相关研究相同,也呈现出从经济学到生物学、社会学的多学科融合的趋势。

1.交易成本理论

交易成本理论主要从农业产业集群内的成员企业提高交易效率,进而降低交易成本的视角对其动力机制进行分析。一方面,随着农业产业集群的不断发展,专业化分工越来越细,农业企业与其他企业进行交易,获得所需的产品和服务的交易频率在不断升高,而由于农业企业临近农产品生产基地,企业间的空间接近的特点能够极大地降低交易成本(王栋,2009);另一方面,基于地方社会网络信任基础上的交易或合作有利于提高效率,降低交易成本(庄晋财,2003)。

在农业产业集群内,农户与农业的经济活动根植于当地社会网络中,企业与企业之间的合作往往基于共同的社会文化背景。人与人之间的信任度较高,地方社会网络的形成与发展拥有良好的信任基础。从交易效率来看,地方社会网络有利于企业之间的相互信任与合作,从而促使交易双方迅速签订合同。地方社会网络还可以节省企业搜寻市场信息的时间与成本。

2.竞争优势理论

产业集群所拥有的生产要素(物质资源、劳动力、资本等)是其竞争优势的来源基础,基于本地禀赋的基本生产要素能够带来静态比较优势,而基于知识集聚的高级市场要素则能够带来强劲的动态竞争优势(克鲁格曼等,1991;波特,1998)。动力机制作为推动产业集群发展的根本动力,主要功能就是将集群的要素转化为显性的竞争优势。因此,具有资源要素,对动力机制进行培育,并不断地将资源要素转化为竞争优势,是产业集群发展的内在逻辑。

迈克尔·波特(1990)从投入要素状况、需求状况、相关支撑产业和企业战略、结构与竞争四个条件入手,构建了"钻石模型"用于分析产业集群,其中每一个要素及整个系统都影响到产业竞争所必需的基本成分的获得,同时外在的机遇和政府政策也是影响集群的持续创新和升级的重要因素。

张廷海、武云亮(2009)结合"钻石模型"和安徽农业产业集群发展的实际,构建了"主体要素模型",该模型以"农户-企业"为产业链的行为主体,同时包含农业生产要素、农业市场条件、关联产业及政府农业政策四个关键要素。在此模型基础上,进一步分析其动力演化机制,指出农业资源禀赋差异是要素诱因,规模经济与协同竞争是市场驱动力,关联产业与相关机构的集聚是产业引力,而农业生产根植性与政府政策投入是其制度变迁的动力。

3.新经济地理学理论

藤田(2006)突破传统的经济理论,采用新经济地理学的分析范式,强调本地资源(包括有形的和无形的)在农业产业集群形成和发展过程中的重要性,从本地资源—品牌农业—产业集群发展逻辑中对农业产业集群的内源动力机制进行了研究。本地资源因其禀赋差异而衍生出差异化产品——品牌农业,品牌农业经过初始运作获得经验和专有技术,又反过来进一步充实本地资源基础;品牌农业的不断发展和壮大,发展了品牌的规模经济和导致多元化农业的范围经济,产业集群开始形成。而产业集群的形成和不断演进,会强化本地资源,使得农业分工更加细化。本地资源的禀赋差异极易产生本地资源锁定效应,使得品牌农业根植于本地,带动产业集群规模和范围不断扩大。这种根植性又会不断地向产业集群注入新鲜血液,维持产业集群的不断演进。

通过进一步研究,发现尽管内源动力机制产生的循环有一定的内生性,但如果在其发展过程中没有周边各类基础设施不断地及时改善,这种循环机制便难以持续演进。还必须有政府前期基础设施建设的投入,良好的外部环境,以及与提供技术和市场营销的支持等外源动力因素相互作用,才能形成农业产业集群演进的双循环模式。除此之外,外部力量所带来的竞争环境和创新氛围,也是推动农业产业集群不断演进和发展的主要外源动力机制。上述内、外源动力机制相互共同作用,推动着农业产业集群的健康持续演进。

4.生命周期理论

Gort 和 Klepper(1982)在前人研究的基础上,发展了产品生命周期理论,认为任何产业(包括产品)都有其孕育、成长、成熟和衰退渐次发展的过程。同样地,作为产业集群形式之一的农业产业集群,其发展也具有产品生命周期的特性,处于不同生命周期阶段的农业产业集群其演化动力存在着差异,因此对动力机制的研究也需要界定相应的生命周期阶段。事实上,农业产业集群动力机制就是动力因素相互作用促使各种要素集聚的过程,而要素集聚之所以发生就在于三种效应,即流入效应、乘数效应和流出效应(郝寿义,2007)。三种效应相互作用,反映了农业产业集群形成和发展过程中的内在动力机制。

周新德(2009)认为,农业产业集群在不同生命周期阶段中,三种效应所发挥的作用和表现不同:在孕育、成长、成熟阶段流入效应大于流出效应,乘数效应为正;而在衰退阶段,流出效应大于流入效应,乘数效应为负。需要说明的是,尽管在孕育、成长和成熟阶段流入效应占主导地位,乘数效应也为正,但三个阶段中流入效应各有区别,乘数效应的大小也有所不同。而正是这些效应在各阶段中的不同表现所形成合力大小的差异,共同推动着农业产业集群的形成和演化。王兆峰、刘百花(2012)也以生命周期理论为基础,对民族地区农业产业集群发展的不同阶段,从外部动力因素和内部动力因素等方面,对其动力机制进行了分析,发现随着农业产业集群的演进,内部和外部动力因素在不断地变化。

5.新经济社会理论

新经济社会学强调经济行为对根植性的依赖性,而根植性是产业集群长期积累的历史属性,是资源、文化、知识、制度、地理区位等要素的本地化,是产业集群形成和发展的最根本的动力因素。产业集群的本地根植性分为认知根植性、组织根植性、社会根植性、制度根植性和地理根植性,五种动力因素相互联结,构成产业集群形成和发展的内生动力机制(刘恒江、陈继祥、周莉娜,2004)。

近年来,一些学者还从文化生态的视角,对农业产业集群的动力机制展开研究。胡平波(2011)认为地域文化、集群文化和外来文化三大文化圈共同作用,成为推动农业产业集群形成和发展的动力因素。这些动力因素主要包括:传统农业文化催生了特色农产品农户种植群;在传统农业文化和现代商业文化的交融中,催生了各种形式的农村合作经济组织;作为社会网络根植性与社会资本的集群文化,降低了农户与农户、农户与企业之间的交易成本,同时增加了交易收益,从而使得集群产生巨大的协同效应。胡平波还指出,在特色农业产业集群的形成和发展过程中,文化生态的内部结构优化、外联结构优化及纵向结构优化是集群发展的文化根源。

随着产业集群动力机制研究的不断发展,众多学科开始关注这一领域,同时各学科间开始出现融合的趋势,这在某种程度上弥补了传统经济学在研究动力机制动态作用过程方面的不足,为研究和把握农业产业集群动力机制及其作用规律提供了方便,更为培育农业产业集群动力机制并控制其演化方向提供了理论依据。

1.2.3 研究方法

随着产业集群相关研究的不断深入,尤其是多学科的介入和融合,对其动力机制的研究无论是方法上还是工具上都取得了突破,出现了从理论上建模并进行实证研究的趋势。相应地,农业产业集群动力机制的相关研究也借鉴了这些方法,这就使得农业产业集群动力机制的研究由传统的归纳现象、描述案例的基本思路发展到数理研究。

1.理论模型

传统的产业集群动力机制理论模型主要有钻石模型、集体效率模型和柔性专业化模型三大类。而从农业产业集群研究的理论模型来看,集体效率模型强调产业集群内部的合作行动,而忽视集群与外部以及集群内各要素之间的相互关系;柔性专业化模型假设的农业产业集群发展的条件尚不具备,且含义较为狭窄;而钻石模型考虑到现实基础和条件,注重动态发展,是用来分析农业产业集群动力机制最普遍的理论模型。同时,近年来动态模型和新经济地理学模型也开始被应用于农业产业集群动力机制的研究。

(1)钻石模型

在产业动力机制研究的理论模型中,波特(1990)构建了包括"生产要素""相关和支持性产业""需求条件""企业战略、企业结构和同业竞争"四大要素,以及"政府"和"机会"两大非直接要素所组成的完整钻石系统模型。尽管很多学者认为该模型缺乏理论性和严格性,关键要素也缺乏清晰的界定,而且没有用规范的经济学范式进行表达,但应用该模型研究农业产业集群仍不失为一个有效的方法。

税伟、陈烈(2009)认为,用"钻石模型"分析中国产业集群时,必须考虑中国国情和时代特征,因此在保持其主要框架的同时,在非直接要素中除了应该重点考察"政府"外,还必须加入"区域文化"和"外来投资"两大要素。黄海平、黄宝连(2012)遵循"钻石模型"的分析范式,构建了农业产业集群形成和发展动力机制的"四力"框架,分析认为农业产业集群的形成和壮大,是农业资源禀赋差异、农业集聚种植、农产品加工企业集聚以及政府大力引导与扶持等四个动力因素共同作用的结果。其中,农业资源禀赋差异所产生的内在吸引力是起始点,是农业产业集群形成和发展的可能性前提;农业集聚种植所产生的稳固力、农产品加工企业集聚所产生的牵引力是中坚力量,是农业产业集群形成和发展的必要条件;政府大力引导与扶持所产生的推动力是最终力量,是农业产业集群形成和发展的必然结果。

(2)动态模型

贝斯特(2001)以产业集群中企业专业化为研究的切入点,构建了产业集群双循环动态模型。其中,内循环是产业集群的发展过程,集群的优势使得其孵化了一些新的企业并吸引了大量的外部企业加盟;新企业的增加使得技术多样化,并促进集群技术升级和技术产业化,由此出现不同的产业部门,加速产业分工;而产业分工与协作使得各企业间及企业与外部环境间的要素与资源交换加强,集群更加开放;而反过来,开放的集群系统又进一步促进集群的壮大和发展。而在此过程中,集群中企业的专业化分工、知识溢出、技术多样化、水平整合和再整合等动力因素发挥作用,促进产业集群不断发展和演进。

黄汉权(2007)借鉴贝斯特动态模型,将农业产业集群的形成过程分解为四个阶段,构建了中国农村产业集群形成的动态模型,并分别对各个阶段的动力机制进行了研究。在集群形成的起始阶段,创业者、市场机会、生产要素和创业环境等基本要素相互作用的方式,构成了农业产业集群的形成机制,即新企业的创业机制;集群形成的雏形阶段,其实质就是模仿企业产生的过程,而在此过程中模仿机制发挥主要作用;而在外部规模经济的形成和集聚效应产生的扩张阶段,通过专业劳动力市场、公共产品、联合行动和区位品牌等因素得以实现的集聚机制(效应)取代模仿机制,成为推动农业产业集群形成的主导机制;在农业产业集群形成的最高级阶段,即生产和服务体系网络化阶段,推动分工与合作的是网络化机制,其过程为企业间的网络化协作,而该机制发挥作用的前提条件为足够大的市场规模和较低的交易成本。综合来看,农业产业集群形成的动态过程,就是在区位锁定条件下,由本地初始企业成功带动的新产业,在创业机制、模仿机制、集聚机制、网络化机制的共同作用下,经历起步、雏形、扩张和网络化等阶段而形成的具有分工合作与竞争关系的由生产企业、供应商、销售商和相关服务机构组成的产业生产服务体系的过程。

综合来看,在农业产业集群动力机制研究中引入动态模型,是一个巨大的进步和新的研究思路。但遗憾的是,到目前为止,其动态模型无论是在理论上,还是在实证研究中,均缺乏严密的模型推导和系统性。

(3)新经济地理学模型

如前所述,近年来以藤田(1995,2007)为代表的新经济地理学者在农业产业集群理论研究中取得了重大进展。该学派突破传统经济理论对农业部门规模收益不变的假定条件,以差异化农产品——品牌农业为切入点,构建了基于品牌农业的垄断竞争的一般均衡模型,通过势函数(potential function)方法对品牌农业的区位选择(即集群的形成和发展)进行了推导。而此过程中,本地资源锁定效应、创立品牌农业的规模经济、多元化农业导致的范围经济、模仿效应、基础设施推动和支持等内外动力因素相互作用,形成了农业集群形成和发展的动力机制。

除此之外,还有学者尝试从其他的视角对农业产业集群动力机制进行理论模型分析。如高峰、亓秀华(2008)认为,农产品加工企业向农业基地的聚集是农业产业集群最终形成的因素,因此采用新经济地理学的建模方法,构建加工企业的集聚和农作物集聚种植的动力机制模型,以此来说明农业产业集群形成的动力机制。

2.实证研究

从现有文献来看,对农业产业集群动力机制多是定性研究,缺乏定量的实证研究。但近年来,也开始出现采用实证资料检验理论命题,推进命题的普遍性和一般化的趋势。

王艳荣、刘业政(2011)以安徽省农业产业集群的实地调研数据为基础,从资源禀赋、产业环境、外部环境和竞合互动的视角,构建了农业产业集群形成动力机制的理论模型。该理论框架的逻辑为:资源禀赋的存在促进了产业环境和外部环境的改善,进而引起产业内的竞合互动,最终促成农业产业集群的形成。而产业环境和外部环境的改善是一个相互作用以及相互促进的过程,它们的耦合关系进一步形成了农业产业集群。在此基础上,结合结构方程模型(SEM)研究方法,选取安徽省为实地调研对象,对农业产业集群的形成机制进行了验证。并根据结构方程模型的检验结果,发现四个动力因素之间的相互作用关系,以及它们对农业产业集群的影响程度。此外,何苗(2009)基于分形理论,构建了DLA模型,分别从演化路径、层次结构和集聚效应等三个具有分形特征的方面,对河南省鄢陵县花木产业集群形成的动力机制进行了实证分析。

1.2.4 动力机制与政府功能定位

现有文献强调在农业产业集群形成和发展过程中,要重视本地资源、创业者、企业、市场需求等动力因素,但同时也认为在这一过程中存在市场失灵现象,因此,政府在其中应该发挥其重要的作用。

1.政府主导

在农业产业集群形成和发展的不同阶段,会出现一系列的市场失灵现象,如基础设施的外部效应与农村基础设施供给不足、知识溢出效应的有限性与自主创新能力不足、产业集群生态环境的破坏效应与农业产业集群可持续发展的弱化、产业集群的拥挤效应与生产要素供给的短缺、产业集群的"柠檬效应"与产品品牌受损等(张建斌,2011)。而要解决这些问题,作为规范经济活动的外在力量,政府必须发挥其功能,在不同阶段辩证地采取不同的措施,如完善农业基础设施投入机制、提供公共物品服务、延伸产业链条、强化环境规制、构建良好的外部环境等。

2.市场机制

尽管政府在农业产业集群中扮演着重要的外源动力的角色,但同时也必须指出,政府对农业产业集群动力机制乃至对整个产业集群的形成和发展的影响是一把双刃剑,适度、及时和有效的管理对产业集群的形成和发展会起到良好的促进作用;反之,政府过度作为则会成为集群动力机制发挥功效的障碍。作为产业政策的提供者,政府的政策会改变经济主体的预期,而任何预期的变化都会对动力机制产生影响,进而影响集群的发展。同时,政府的行为通过影响产业集群动力机制的作用方式而使得集群的空间模式发生改变(陈雪梅、李景海,2008)。所以,从这个角度看,在农业产业集群形成和发展过程中,在强调政府作用的同时,还要充分发挥市场机制的主动调节作用。

1.2.5 展望

随着对农业产业集群动力机制研究的愈加深入,未来以下几个领域将是其发展的方向：

首先，在研究视角上，与现有的以单一学科为理论基础对各种动力因素进行机械分析的思路不同，未来的研究将多视角地把各种动力因素整合成一个相互支持的系统，从而使得其研究更加具有系统性。

其次，在研究方法上，通过建立模型并进行量化来刻画农业产业集群的动力机制是未来的发展趋势，这种分析方法能够准确地把握动力机制的动态作用过程及其效果，从而能够避免农业产业集群实践中的各种政策、决策和发展战略的盲目性和刚性。

最后，鉴于不同类型的农业产业集群其动力机制各有差别，而动力机制的个性决定了集群的难以模仿性和不可移植性、集群的效率和竞争力，以及集群发展轨迹，因此应加强农业产业化动力机制的个性化研究。

1.3 本书的主要结构与发展

前面已经阐述，无论是招商引资战略还是工业反哺战略，对广大农村地区的经济发展而言，都存在着先天的弊端。正因为如此，基于"自我发展"的内生式农村发展战略模式开始在各国出现，并对当地经济和社会发展有巨大的推动作用，不仅如此，实践证明内生式发展战略还具有推崇多元化的发展目标、尊重本地人的利益、重视基层组织建设等优点。而农业产业集群正是实现这一发展战略的主要方式之一。基于这种判断，本书从农村地区内生式发展战略入手，对中国农业产业集群发展的动力机制进行理论探索，并通过对潜江市小龙虾产业集群进行实证分析，检验农业产业集群的动力机制。本书的基本思路和逻辑是，内生式发展战略是广大农村地区经济和社会发展的最优选择，而基于本地要素禀赋资源发展的农业产业集群，是实施这种战略的主要方式，发达国家和地区的实践恰好证实了这一判断。在内生式农业产业集群的形成和发展过程中，本地居民、政府和外来力量（主要是以外来资本的形式存在）都发挥了一定的作用，但本地居民在产业集群的演进过程中扮演着最为重要的角色，政府主要通过提供基础设施建设、制定相关的政策来促进集群的健康发展，而外来力量除提供资金的支持外，更为重要的是促使产业集群产生创新和竞争意识。

基于上述基本思路，我们首先概述本书的结构安排与主要发现。总体而言，本书各章在内容上相对独立，但同时也形成了一个各章之间有着密切逻辑联系的整体。本书的章节安排遵循如下思路：首先进行理论概述和国际经验的介绍，在此基础上，通过对潜江市小龙虾产业集群的研究来实证检验中国农业产业集群的形成和发展。书中各章节安排如下：

第 2 章主要针对三种农村经济发展战略模式，即招商引资、工业反哺和内生式发展模式，分别从理论基础、产生动因、优劣势以及国际经验等视角，进行了深入的分析。第 2.1 节中发现世界各国地方政府普遍热衷于招商引资，其主要的原因集中在传统习惯、预期收益、政治收益、高折旧率以及多元化发展等方面，但该战略在实际执行过程中存在很多问题：对整个国家来说，该战略是一种零和博弈；由于竞相招商引资，从各地引入外来力量的机会不断减少；地方政府引入企业成本较高；外部资金通常很难与本地资源和传统相结合，一旦撤出，本地将出现经济空心化；外来企业投资本地的根本出发点是追逐利润，这种属性决定了其在空间上的快速流动性，造成了引入地较短的利润周期。正因为如此，一旦招商引资模式运用不当，对资金缺乏、资源环境更加脆弱的落后农村地区而言，会有更大的灾难。第 2.2 节对工业反哺农业的发展模式进行了全面的梳理，农业和工业、农村和城市的二元结构，无论是在理论界，还是在实践中，都是关注的重点领域。发达国家工业反哺的主要举措包括：加大农业科技投入力度，注重在农业、农村方面的教育；加大农业资金投入力度，提供更多的农业信贷服务；进行产业融合，发展一体化农业；开展国土整治，进行组织创新等。而以韩国为代表的新兴工业化国家工业反哺的主要经验是：制定协调城乡发展的政策；进行绿色革命和"新村运动"等。无论是发达国家，还是发展中国家，在实行工业反哺中都存在着一定的问题。农业和农村的弱势地位决定了一旦不能有效地限制工商业资本对农业的剥削，则工商业资本不仅不能起到对农业的反哺作用，反而会成为农业资本、农民财富的"抽水机"。为此,在实行工业反哺战略时,必须建立健全工业反哺农业的法律体系,保证工业反哺农业政策的稳定性。同时,要规范各级政府的"越位""越权"和"越界"行为,并且要注重本地农业专业合作组织的建设,增强广大中小农户抵抗市场风险的能力。第2.3节对内生式农业发展战略展开了论述,认为内生式发展模式更加注重农村地区生态环境的保护以及当地农民的利益,是一种更具可持续性的发展模式。内生式发展模式的内涵体现在四个方面:该模式的最终目标,是在保护和维护本地的生态环境和文化传统的前提下,培养基于本地资源、文化传统等本地要素而发展起来的内生增长能力;为实现内生式发展目标,培养本地力量,必须确保本地人在地区开发中的主体地位,确保本地人成为地区开发的主要参与者和受益者;为保证本地居民在开发过程中的主体地位,必须建立一个能够体现本地居民意志,并且有权介入地区发展决策制定的有效的基层组织;要改变农村地区经济落后的局面,必须从根本上建立基于本地要素资源、文化传统等要素的产业体系。而美国农村的自我发展运动和日本的"一村一品"运动的实践,体现了内生式发展模式所具备的诸多优点,如推崇多元化的发展目标,尊重当地人的利益,重视基层组织建设的理念等,对我国农业经济实现内生式发展有宝贵的借鉴意义。

第3章主要从理论上对农业产业集群能否作为广大农村地区经济发展的实现途径进行了探索。全章共分为5个部分,首先,对农业产业集群概念进行了界定。在第3.2节中,按照马库森的分类方法,产业集群可以分为马歇尔式产业集群、轮轴式产业集群、卫星平台式产业集群及国家主导型产业集群四类。四种类型所具有的不同特性,决定了在产业集群发展的过程中要因地制宜,根据集群所在农村区域不同的要素禀赋条件,而采取不同的集群发展战略。马歇尔式产业集群的策略,应该聚焦于提升企业发展活力、加快小企业发展和促进集群内企业间的合作等方面;卫星平台式产业集群地区的就业增长策略,取决于集群所在地对潜在的可能进入该地的新企业分支机构的诱致程度;轮轴式产业集群发展的地区,努力的方向主要集中在继续保留并扩大地区核心企业,以及鼓励本地众多为核心企业提供服务的中小企业,强化它们与核心企业的后向关联;国家主导型产业集群的发展,主要依赖于地区为核心公共实体机构提供资金的强度,以及地区获得政策性支持的能力。在第3.3节中,将农业产业集群战略的优势归纳为四点:强化地方化经济;促进产业结构组织重构;激发企业间网络的形成;促进公共资源更加集中等。而农村落后地区发展产业集群战略的缺陷则主要表现在两方面,即难以选择合适的产业集群类型,以及与先发产业集群相比,后发产业集群处于劣势地位。第3.4节对农业产业集群的影响因素进行了概括。农业产业集群面对来自自然和市场的双重风险,导致其影响因素更加复杂,这一节主要分析了6个方面的原因,即要素禀赋、外部性、规模经济、市场需求、根植性以及偶然因素等。最后,是发展农业产业集群的政策启示,分别对已经发展产业集群的地区、已经建立了较小规模的产业集群的地区,以及没有发展产业集群的地区,提出了相应的发展产业集群的政策建议。对是否应该将发展农业产业集群作为发展农村经济的战略,综合给出的建议是:并不是所有的农村地区都适合通过发展产业集群来推动地区的产业发展,进而推动农村地区经济发展和提高农民收入水平。在实际发展过程中,广大农村地区要根据本地的资源禀赋、历史传统、产业基础、外部环境等众多因素,综合考察,从而制定切实可行的本地产业发展战略。

第4章对农业产业集群的国际经验进行了介绍,分别对荷兰花卉产业集群、美国加州葡萄酒产业集群、印度东北部甘蔗和竹编织产业集群进行了介绍,从各自产业集群发展的现状、特点、成效等角度进行了阐述,并对国际农业产业集群发展的基本规律进行了总结,在此基础上,提出了我国发展农业产业集群的建议。在第4.1节中,通过对荷兰花卉产业集群进行考察发现:首先,荷兰花卉产业集群的形成和发展,得益于其良好的要素禀赋优势,如天然的水源、地势、温湿度等资源禀赋优势,为荷兰花卉的种植提供了自然保障,是荷兰花卉产业集群形成的自然要素禀赋,随着科技和经济的逐步发展,花卉产业种植对技术的要求越来越高,此时温室栽培技术、无土栽培技术、全天候自动化电脑控制、大批科研技术人才等高级要素,保证了荷兰花卉产业集群的可持续发展;其次,科技创新是荷兰花卉产业集群形成强大竞争优势的根本动力,同时,其强大的农业科技支撑体系是产业集群不断取得技术性突破的保障;最后,在荷兰花卉产业集群的形成和发展过程中,政府为花卉产业提供了一系列制度保障,如降低直接从事花卉生产的花农能源使用费,在税收上降低增值税率,对购进新设备给予财政补贴等,从法律上授权中介服务组织维护行业的合法权益,建立花卉测试中心并给予中心一半的经费补贴,制定严格的花卉质量检测制度等。这些宏观的激励和保护政策,为荷兰花卉产业提供了良好的外部环境,极大地促进了荷兰花卉产业的发展。在第4.2节中,美国加州葡萄酒产业集群的特征主要有:第一,加州葡萄酒产业集群的形成和发展,正是充分利用了当地得天独厚的物质资源,夏干、冬湿的气候特点,充足的光照,多样化的适合多品种葡萄种植的土壤条件等,都为该产业集群的发展提供了物质资源保障;同时,加州葡萄种植的一百多年的历史传统,强大的科研机构和高校提供的技术支持,政府各种支持政策的出台,以及强大的金融等配套服务系统,都构成了加州葡萄酒产业集群形成和发展的非自然资源条件。第二,在加州葡萄酒产业集群形成和发展的过程中,政府发挥着重要的宏观调控作用,通过制定产业集群政策、加大基础设施建设力度、加大科技支持力度等方式,对农业产业集群进行宏观管理。在加州葡萄酒产业集群发展的过程中,针对基础设施供应不足、集群企业创新能力不足、集群生态环境破坏严重、品牌受损等市场失灵问题,政府都积极采取相应的措施予以解决。如建立包括加州议会的酒业委员会、加州大学戴维斯分校的葡萄栽培及酒业酿造研究中心等科研机构等,为加州葡萄酒产业集群发展提供科研服务等智力支撑。第三,鼓励并支持科技创新,在加州葡萄酒产业发展中,通过鼓励科技创新,加大生物工程、病虫害生物防治、卫星定位和遥感等新技术创新的力度,提升了集群内众多企业产品的竞争力和经营能力。第四,美国农业产业集群的快速发展与成长,与其农业部的积极作为是密不可分的。在产业集群的形成和发展过程中,农业部的主要职责体现在制定农产品市场交易标准、规范市场交易行为、为产业集群的发展提供服务等。在第4.3节中,对印度东北部甘蔗和竹编织产业集群进行了案例分析和总结。通过产业集群战略使得印度中央政府与各邦政府、当地机构和组织(这些组织涵盖了当地的非政府组织、非正规农户自助组织、社会团体、学会等)、国际组织(包括联合国工业发展组织、联合国开发计划署等)以及其他教育机构等之间保持着良性的密切联系。数量众多的小规模产业集群所具有的劳动力"蓄水池"属性,在很大程度上缓解了广大落后农村地区劳动力的失业问题;由于产业集群的发展,企业对劳动力的需求增加,进而会提高劳动者的工资收入水平。在产业集群内,资本、商品、企业管理人员以及经营理念等要素的快速流动,能够帮助集群所在地的小企业走向全球化市场,并为当地居民创造增收的机会等。在第4.4节中,总结国际农业产业集群发展的规律时发现:第一,立足本地资源,是农业产业集群形成和发展的基础。尽管随着科学技术的进步,农业生产受自然条件的制约越来越小,但任何农产品的生长都离不开适合农作物生长的湿度、温度、光照、土壤条件等自然要素,而且包括所在地历史传统、风俗、文化等在内的非物质要素也对农业生产有着重要的影响。这些物质和非物质要素不仅影响着农产品的生产,而且还决定着农业产业集群的形成和发展,只有遵循客观规律,在适宜和最适宜区布局的农业产业集群才能减少成本,获得更大经济效益而实现可持续发展。第二,加强政府的宏观调控,是农业产业集群发展的基本保障。作为农业产业集群的行动主体和形成外源动力机制的重要因素之一,政府在农业产业集群形成和发展的过程中,都扮演着不可或缺的角色,是农业产业集群发展的极其重要的外在推力。第三,建立发达的科技服务体系,是农业产业集群可持续发展的主要保证。农业科技的不断发展和进步,是提高农业生产效率,提升农产品竞争力的动力和关键。第四,强化品牌战略,是提升农业产业集群竞争力的关键。农业依附土地的这一特殊本质,决定了集聚不大可能发生。而破解农产品是同质品的方法,就在于实施品牌化战略,通过对农产品赋予品牌以形成产品的差异化,从而实现农业产业集群的可持续发展。第五,进行农业合作组织化建设,是农业产业集群发展的组织保障。随着市场竞争的日益加剧,传统的小规模的农业生产与大市场之间的矛盾愈加突出。信息不对称以及各个农户在生产和经营水平上存在差异,导致农户与市场的交易费用较高。同时,小规模的生产难以抵抗自然风险和市场风险,往往导致农业再生产的中断,出现盲目生产的局面,使农业生产产生大起大落的周期性变动,给国民经济及农户自身带来风险。因此,在此基础上,提出了中国发展农业产业集群的政策建议。

第5章系统地介绍了潜江市小龙虾产业集群的现状及演进路径,通过将小龙虾产业集群划分为三个阶段,发现潜江市小龙虾产业集群在发展的过程中,除了依赖当地丰富的自然资源和便捷的交通区位条件外,政府、企业、农户、相关支持产业等各个主体也都在这一过程中起着重要的作用,并且在产业集群发展的不同阶段,各个主体对产业集群的作用程度不一样,每个阶段起主要作用的影响因素也有所不同:在萌芽阶段,起主要作用的是当地农户的创新思维及企业家的开拓精神。一方面,农户的创新思维,开创了"虾稻连作"的小龙虾寄养模式,使得规模化的小龙虾野生寄养成为可能,并且在全市范围内得到了广泛的推广;另一方面,本地企业家具备良好的开拓精神,准确地把握住了市场机遇,不仅丰富了小龙虾餐饮市场,借此提升了产业和区域的知名度,并且积极开展小龙虾加工出口业务,进而带动和刺激了小龙虾养殖规模的进一步扩大。在形成阶段,起主要作用的是当地政府在财税扶持政策、融资支持、基础公共设施的建设、市场的建设和管理等多个方面对产业发展的扶持与引导。这些措施能够调动农民进行小龙虾养殖的积极性,促使企业扩大生产规模、增加研发投入,从而提高其市场竞争力和延伸产业链,吸引相关产业和支持性产业进入,以便形成发展合力,提升小龙虾产业集群的整体竞争力。在成熟阶段,起主导作用的是当地的龙头企业,以及农民专业合作社、专业经济组织等本地力量。在这个阶段,产业集群已经形成了较为完善的产业链,如何实现新的突破,应对竞争愈发激烈的市场,促进产业的升级是集群发展的关键。对于加工企业来说,龙头企业通过扩大企业规模、创新生产技术、创新经营管理模式、创建区域品牌,带动中小企业的发展,在纵向和横向上延伸产业链,实现产业升级。对于餐饮企业来说,通过增加产品种类来满足不同地区消费者的多样化需求是实现自身突破、应对激烈的市场竞争、扩大市场占有率的主要战略。农民专业经济合作组织的组建及规范运作,也为产业集群朝着良性方向发展提供了进一步的保障。

　　第 6 章采用结构方程模型,对潜江市小龙虾产业集群的竞争力进行测度和评价。结果发现:"要素条件""需求条件""企业战略、结构与竞争"及"相关和支持性产业"等 4 个潜变量,都对潜江市小龙虾产业集群竞争力有直接影响,而且"要素条件"和"相关和支持性产业"还都通过直接作用于"企业战略、结构与竞争"而对竞争力产生了间接影响。综合来看,4 个要素对潜江市小龙虾产业集群竞争力的作用效应大小排序依次为:"相关和支持性产业""要素条件""企业战略、结构与竞争"以及"需求条件";"政府"和"社会历史传统与文化习惯"两个要素变量尽管对潜江市小龙虾产业集群竞争力没有产生直接的作用,但政府通过作用于"要素条件"等 4 个变量,"社会历史传统与文化习惯"通过作用于除"要素条件"外的其他 3 个变量,而分别对农业产业集群竞争力产生间接的作用效应。因此,在所构建的模型中,所考察的 6 个变量都直接或间接地对潜江市小龙虾产业集群竞争力的提升具有一定的促进作用。另外,在总体模型中的测量模型部分,各潜变量的观察变量也都通过了显著性检验,各观察变量较好地反映了潜变量的特征,而因素负荷量的大小也在一定程度上反映了集群为改善各影响因素、提升集群竞争力的努力方向。通过对实证结果的分析,我们从中得出如下对策建议:首先,必须对各主要影响因素予以足够的重视,如重视"要素条件"中自然资源条件的保护,加大"相关和支持性产业"要素中行业协会服务水平的建设力度等,只有各影响要素的水平得到了提高,集群竞争力的提升才有可能;其次,要整合各要素的力量,通过协调形成各要素的综合作用,共同推动产业集群的发展,不断增强集群的竞争优势。

　　第 7 章重点考察本地居民、政府和外来企业等 3 个主体,在潜江市小龙虾产业集群形成和发展过程中扮演的角色。结果表明:在潜江市小龙虾产业集群成熟阶段对产业集群发展起到主导作用的是包含企业、农户、农民专业合作、专业经济组织等因素的本地力量,其中企业的作用主要体现为不断进取和创新的企业家精神以及企业对自由品牌和区域品牌的创建;政府对产业集群的推动也十分明显,通过产业政策的制定、财政投入以及市场管理等多个方面举措,推动着产业集群的发展;而在 3 个动力因素中,外来资本对产业集群发展的推动力最小,而在表征外来资本的 3 个二级指标中,外来从业人员对外来资本的贡献最大,他们不仅给当地带来了长足的劳动力资本,更为重要的是带来了新的发展思维和经营理念。上述分析结果从侧面印证了潜江市小龙虾产业集群的发展动力主要来自内源动力的本地力量,而外源动力(政府和外来资本)在这一过程中也起着一定的推动作用。

2 农村经济发展战略模式:一个分析框架

在国民经济发展战略中,农村经济发展战略是其重要的组成部分。它通过综合处理农业经济活动的各方面、各阶段及各要素之间的相互关系,统领和驾驭农业经济发展全局,寻求正确途径以实现一定历史时期内农村经济发展的基本目标,从而保证整个社会经济的稳定协调发展。而具体战略模式的选择,是农村经济发展战略得以实现的重要前提和保证。

在本章中,将针对历史上出现的三种主要农村经济发展战略模式,即招商引资、工业反哺农业、内生式农村经济发展模式,分别从理论基础、产生动因、优劣势、国际经验等视角,进行深入的分析。

对于大多数农村地区而言,区位的劣势导致其不仅没有获得工业化和城市化发展带来的好处,反而成为其他城市和工业等发达地区资源的输出地。其中最为突出的表现之一,就是农村青壮年劳动力的大量流失。农村地区可用地狭小且经营分散化,农业生产成本较高,而且距离作为经济和市场中心的城市地区较远,因此很难获得各种就业和增加收入的机会。由于从事农业的收入水平较低,大量青壮年劳动力不断流向城市。农村劳动力减少和人口老龄化加速,使得一些耕地被撂荒的问题越来越严重,而耕地撂荒又会带来一系列的衍生问题,如土壤涵养水源功能被破坏、水土流失、下游的洪水危害增大等。

尽管各地政府力图通过招商引资以及工业反哺等政策吸引外来产业

和资本,但这些模式难以建立起完整的适合本地经济和社会发展的产业体系,且极易引起农村地区资源流失和环境恶化等问题。广大农村地区的产业依然以传统的农业和林业占主导地位,商业和服务业也以本地顾客为主,而这些传统产业先天性的自然条件制约与较低的劳动生产力水平,使得农村地区更容易受到经济波动和农产品贸易自由化的冲击。

从国内外农村经济发展的历史来看,出现了三种较具代表性的战略模式,即招商引资发展模式、工业反哺农业发展模式以及内生式发展模式。在本章中,将对上述三种农村地区经济发展战略模式分别从理论基础、主要特点、优点及存在的问题等方面展开论述。

2.1 招商引资发展模式

招商引资是指地方政府(或地方政府成立的开发区)吸收投资(主要是非本地投资者)的行为。农村地区由于区位等劣势,缺少必要的资本积累和技术开发力量,但为了改变落后现状,加快开发速度,地方政府往往会采用招商引资的方式吸引外来的资本和技术。通常来说,地方政府会制定一系列金融税收等方面的优惠政策,同时为了消除外来资本进入本地的障碍,首先会加大基础设施建设的力度,解决交通通信和工业用地等基础设施落后的问题(胡霞,2011)。

2.1.1 招商引资的动因

从 20 世纪 90 年代开始,广大发展中国家都纷纷加大了对外招商引资的力度,并进行了经济结构调整和体制改革,推进民营化和自由化政策的实施,使得经济取得了飞速的发展。相应地,其国内经济相对落后的农村地区也加大了引进外来资本的力度,总体而言取得了较大的成就:有效地弥补了农村地区资金短缺等不足,快速有效地提高了当地经济环境和相关项目以及服务的质量;引进先进技术设备和管理方法,促进了产业结构的调整,在一定程度上带动了本地经济的发展,增加了当地的财政收入,扩大了就业;培养了一批具有现代企业家精神的复合型人才,为当地的经济建设提供了软实力资本;降低了当地企业发展的创新成本等。

正因为如此,农村地区都加大了招商引资的力度。综合来看,各地政府之所以如此热衷于招商引资,主要基于如下的原因:

1.传统习惯

现代经济理论表明,企业或地区通过创新获得市场垄断,并获得垄断利润。因此,对于先发地区而言,通过创新产业能够获得丰厚的垄断利润。而创新产业的回报周期通常都较长,所以大量的追随者会因为对垄断利润的追求而对创新产业进行模仿,甚至通过招商引资的方式将创新产业引入本地区,进而获得利润。事实上,相对于创新地区而言,尽管引入地区产业的利润水平较低,但传统的习惯和思维还是使得众多落后地区乐此不疲。

2.预期收益

对大多数落后农村地区来说,与在本地区进行产业创新活动和发展经济相比,通过招商引资的方式使本地获得收益有着更高的成功率。更为重要的是,由于所引进产业和技术的成熟度较高,招商引资有着较高的预期收益。所以该地区一旦决定采取此战略模式,这种政策就很难再改变。

3.政治收益

由于实行招商引资政策能够给当地带来一定数量的就业,因此能够得到当地居民的支持。而当地官员的政绩也更加明显,更易获得升迁的机会,因此当地政府也更加热衷于招商引资战略。一个与之相关的观点是,相对于本地企业家或者居民通过"草根运动"而逐步形成和发展的产业,通过招商引资方式引入的高风险交易项目,反而更容易获得地方政府的青睐。

4.高折旧率

与农村地区其他经济发展战略模式相比,招商引资项目的受益周期更短。而当地政府官员由于任期经济考核指标的缘故,往往会更倾向于选择这种高风险、生产周期短的项目,以增加自己的政治资本。

5.多元化发展

随着信息化技术的快速发展,很多落后的农村地区开始追求非传统的经济发展战略。而招商引资对于这些地区而言,除了能够带来本地经济的多元化,还能使地区实现非传统经济发展的目标。

2.1.2 招商引资的弊端

尽管在理论上落后地区招商引资战略模式具有很多优点,在实践中也有着大量成功的案例,但学术界普遍认为,招商引资战略对大多数落后地区来说,其实是一种资源的浪费(G. Pulver,1979)。综合现有文献来看,有关落后农村地区采用招商引资发展战略的弊端,主要集中在如下几个方面:

1.零和博弈

很多学者认为,将产业和资本从一个地区转移到另一个地区,从国家层面上看,不会增加更多的收入和改善就业情况,迁入或者迁出地区或许存在着利益方面的增加或者损失,但整体而言是保持不变的。正因为如此,从这个视角看,政府应该限制招商引资行为,而不是鼓励这种行为(T. Bartic,1991)①。

2.机会减少

由于地方政府官员政绩的需要等各种原因,各地各级政府纷纷加大了招商引资的力度,从而使得热衷于实行招商引资战略的地区越来越多。但与之相对的是,有意愿进行产业或资金转移的企业(即被招商引资的目标企业)基本保持不变甚至有所减少。这就必然导致各有意招商的地区之间的恶性竞争,从而使得有意招商引资地区的投资收益变小。竞争的日益激烈使得很多区位相对处于劣势或劳动力成本较高的地区,很可

---

① 当然,也有学者持相反的态度,他们认为当产业从一个地区转移时,企业可以纠正原来的失误,或者更加适应迁入地区的环境,抑或迁入地区工人获得的收益大于迁出地区工人的损失等,从而实现资源的更优配置,进而导致产业的更高总体效益(J.Miller,1980;Robert H.Haveman,1976)。

能失去获得招商引资的机会(H. Khan,1992)。

3.报价过高

从长期来看,相对于税收和租金等政策控制变量来说,劳动力成本、交通运输条件以及企业的市场进入等因素,对企业区位的选择更加重要。事实上,尽管企业也看重税收优惠等招商引资因素,但企业更多地还是基于劳动力和交通运输成本等因素做出其产业布局决策。然而,地方政府部门为了吸引产业进入本地,同时也为了打败其他参与竞争的地区,往往会竞相制定税收等方面的优惠政策。而商业成本信息上的不对称,使得地区主管部门并不知道应该采取何种措施来吸引产业进入,所以他们往往对进入企业开价过高,这就必然会导致地区引入成本的上升(D. Carlton,1983)。

4.成本较高

即便有些落后地区实行招商引资战略,成功地引入了新企业,但也会增加地区已有企业的商务成本(T. Bartik,1991)。新产业和资本的进入使得当地服务的需求增加,但由于为了吸引产业进入而制定的各项优惠政策导致新进入产业所带来的税收等收入,往往不足以抵销为其进入而提供各种服务的支出。而超出的部分通常以财产税或者使用费的形式,甚至是以减少地区服务等方式转嫁给已有企业和当地居民。所有这些成本的上升都会导致本地已有企业竞争力下降,并使得本地居民福利水平降低,进而导致已有企业和居民的外迁。

5.经济空心化

通过招商引资战略引进的企业,往往倾向于依赖外部的投入,并且其半成品也通常销往外部以完成最后的生产过程。从这个意义上考察,从外地引进的企业和本土企业对本地经济的拉动作用就有着显著的差异(Wilber Maki,1994)。由于引进企业对外部地区经济的依赖性,其对本地经济的放大效应与其产出之间的相关性大大地降低了。而本地居民家庭收入是地区放大效应最典型的影响因素(G. Hewings,1981)。在其他各要素条件不变的情况下,本地企业对地区经济的贡献要大于新引进企业的贡献。

6.利润周期短

寻求产业重新选址的企业,所从事的生产领域往往是处于衰退阶段的产业,这些企业通常生产技术含量较低的标准化产品,因此需要通过降低企业的工资成本来进行市场竞争(Anne Roell Markusen,1985)。而低技术含量、低工资的工作岗位学习效应不强,对本地居民生产技能的提高程度有限,不利于培养本地富有竞争力的劳动力资本。同时,这些企业较低的税收也对迁入地区基础设施建设的贡献不足,对下一代人力资本投资也极其有限。更为不利的是,一旦这些企业获取了本地的利润,它们就会选择转移到劳动力成本更低的地区或者国家,或者当其生产的产品面临市场淘汰时,这些企业就会退出该产业,进而退出该地区。

改革开放以来,中国相当一部分落后的农村地区都采取招商引资开发模式。但从结果看,除了少数被中央政府定为产业转移的地区外,绝大多数地区都未能通过这种方式实现地区的工业化和经济发展。正因为招商引资战略模式的上述弊端,有学者将这种发展模式称为"外来型"发展模式,有的则干脆称之为"殖民地型"发展模式。

而近年来更多的农村地区招商引资的实践证明,一旦该发展模式运用不当,对资金缺乏、资源环境更为脆弱的落后农村地区来说,会有更大的灾难,如一味地追求经济利益,导致引资效率低下;占用农村土地,影响当地企业的公平竞争,造成经济产业结构失衡;不注重引进项目的质量,导致一系列的环境破坏问题。同时,土地的征用,对农民的利益造成了更大的损失;当地政府滥用职权,助长了政府干部寻租性腐败等现象的发生,致使政府陷入信用危机,助长了地方保护主义的增长等。

2.2 工业反哺农业发展模式

无论是理论界,还是大量的国际经验都表明,农村经济的发展,不可能在二元经济格局下实现,也不能只依靠农业、农村本身,在某种程度上还要借助于工业部门的效用和产出功能,通过工业反哺来实现农村经济的发展①。

　　工业反哺是国家或地区通过政府行为,将工业领域的部分剩余导入农业领域,以支持农村发展、提高农民收入、促进农村繁荣,进而实现工农互促、城乡互动。蔡昉(2006)认为,工业对农业的反哺,是农业国民经济关系的一个根本性的战略调整。因为在国家和地区经济发展的早期,普遍会出现工业从农业中无偿或以较低成本获得资源要素的现象,表现为各种资源要素从农业、农村流向非农产业以及城市②。而通过实施工业反哺农业政策,意味着传统的农业到工业、农村到城市的资源要素流动方向出现了逆转。Olson(1985)基于经济研究的视角,将这一过程描述为:在贫困国家或国家处于发展的早期,农业通常处于被征税的地位;而在富裕国家或国家处于比较发达的阶段,农业往往受到政府各种相关政策的保护。

2.2.1　理论基础

　　工业反哺农业属于工农关系调整的范畴,其理论基础虽然在西方经济学研究领域中没有作为专有的概念提出,但其思想却是马克思主义政治经济学、西方经济学以及发展经济学等学科分支的重要研究内容之一。尤其是发展经济学,长期以来都将工农关系作为其学科研究的核心问题之一,并随着工业化进程而不断调整其具体研究的重心,建立和发展了一整套较为完整的理论体系。

---

①　胡锦涛(2004)曾经指出,"综观一些工业化国家发展的历程,在工业化初始阶段,农业支持工业、为工业提供积累是带有普遍性的趋向的;但在工业化达到相当程度以后,工业反哺农业、城市支持农村,实现工业与农业、城市与农村协调发展,也是带有普遍性的趋向的。"

②　尽管在中国工业化发展进程中,大量资源要素从农业、农村流向工业和城市,使得中国农业发展速度受限,但有学者认为农业哺育工业化也是农业自身发展的要求,即在二元结构的基础上,如果没有其他产业的发展不可能启动农业本身的发展:首先,在中国的传统农业中同样存在着刘易斯所揭示的劳动力无限供给现象。无限供给的剩余劳动力在有限的土地上强制性投入,严重阻碍了农业中的技术进步,因此农业发展的必然选择是转移剩余劳动力。其次,工业是经济发展的引擎。工业借助自身的积累和发展不仅有吸收和消化农业转移出来的剩余劳动力的能力,而且具有反哺农业、改造传统农业的能力。(洪银兴,2007)

以刘易斯为代表的持"重工轻农"观点的学者认为，在工业化初始阶段，工业化是国家发展的首要任务，它既是整个国家经济发展的主题，也是改变国家落后面貌的主要途径。由于发展中国家的工业化是在传统农业改造尚未完成的背景下展开的，需要国家进行原始资本积累，因此这些学者主张"工业第一、农业第二"，国家应该通过采取剥夺农业的政策，依靠农业剩余支持工业的发展。其中，刘易斯（1954）的二元结构理论认为，广大发展中国家的工业部门是经济发展的主导，国家最为迫切的任务是率先实现工业化战略。在这一过程中农业部门完全处于被动地位，农业对经济发展的贡献只是为工业部门的扩张提供所必需的廉价劳动力。正是基于这些结论，20世纪50年代，新中国根据当时国内工业布局的基本状况，提出了重工业既是优先发展的重点，又是投资的重点的主张。而农业剩余则通过剪刀差等形式向工业转移，支持工业的优先发展。

从20世纪80年代开始，一些实行赶超战略的发展中国家的经济纷纷受挫。传统的"重工轻农"战略不仅未能有效地促进工业和整个国民经济的发展，反而导致了农业发展的停滞。此时，提倡工农协调发展的"工农并重"理论应运而生。该理论认为，工业和农业是相互补充、相互促进的，二者应该平衡发展，不可偏废。尽管工业化对发展中国家的经济发展起决定性作用，但工业化进程中离不开农业的发展。坚持工农业的平衡增长，工业部门就能够为农业部门提供更多的生产资料，有利于工业部门采用更为先进的生产技术对传统农业进行改造，从而提高农业部门的生产效率；反之，随着农业产量的增加，农业部门也可以以较低价格向工业部门提供农业剩余，以加快工业积累和工业扩张，进而形成工农互促，共同增长的良性局面。该学派的代表人物费景汉、拉尼斯（1992）在对刘易斯（1954）模型的基本假定进行修正后研究发现，农业发展产生的剩余可以促进工业部门的增长，而工业部门的增长反过来又会加快对农业剩余劳动力的吸收。农业生产力的提高，是农业剩余劳动力实现转移的基础。如果农业部门不能随着工业化的进程而平衡发展，则农业部门不但不能为工业部门提供必要的农业剩余，而且还会造成工业部门贸易条件的恶化，进而制约工业的发展，减缓结构转换的进程。中华人民共和国成立后工业化起步较晚的现状决定了在工业化的初期,农业和农村为工业化的发展做出了巨大的牺牲。持"工农并重"观点的张培刚(1979)先生就指出:中国的工业化不能以牺牲农业、农民为代价,要改善农业和农民的状况,工业化和农业发展要平衡。

随着世界工业化进程的加速,工业部门的发展速度远远超过了农业部门,工业自身的剩余除了支持工业化的进一步发展外,还可以扶持包括农业部门在内的其他产业的发展;而传统的农业部门由于其对生产要素增加投资的收益率相对较低,对储蓄和投资缺乏足够的经济刺激而增长有限,加之其生产剩余长期向工业部门进行转移,所以其发展速度极其缓慢。因此,有学者提出了工业反哺农业的观点,从传统的农业支持工业转向工业反哺农业是各国工业化的一般规律。朱四海等人(2005)认为,从经济学角度考察,工业反哺农业可以理解为工业对农业的一种价值让渡,其中工业是指工业发展形成的绩效,包括税收、利润、工业化制度、工业化理念等,而农业则泛指农业生产经营者、部分涉农工商业者以及农村、农民等。而日本学者速水佑次郎(1988)从理论上探讨了贫困落后的农业国家或发展中国家的工业化问题,认为尽管农业在国民经济中所占比重不断下降,但政府应该逐渐加大对农业的支持和保护力度,对农业结构进行调整,有选择地支持适应需求结构变化的农产品生产。且从当前世界发达国家反哺农业的举措来看,大多也选择对农业进行一定的保护。

综合起来看,无论是从发展经济学对工农关系论述的演进,还是从国际经验考察,重视并适时调整工业和农业之间的关系,实施工业反哺农业的发展战略,是经济和社会发展的客观规律。

2.2.2 行为主体及实现路径

如前所述,从经济角度看,工业反哺可理解为工业对农业的一种价值让渡,其中工业是指包括税收、利润、工业化制度和工业化理念等在内的工业发展形成的绩效,而农业则泛指农业生产经营者、部分涉农工商业者以及农村、农民等。朱四海、熊本国(2005)认为,工业反哺有三种基本类型,即反哺、哺育和回馈。对应三种不同的工业反哺形成路径:首先,反哺源于农业的小部门化，农业小部门化的特征使得农业生产经营者在市场竞争中处于不利地位，因此工业必须反哺农业；其次，随着农业生态产出日益重要，农业生态生产必然要求工业哺育农业；最后，长期以来农业积累对工业的贡献应该得到工业的回馈和补偿。相应地，反哺成本的主要来源包括财政性资金、生态建设基金和国有企业分红等。

朱四海(2005)在综合考察农业(农村、农民)对反哺的需求结构和反哺资金属性等两方面因素的基础上，认为包括各级政府及其职能部门在内的政府是工业反哺的天然行为主体，同时国有企业、社会组织等也都应该承担相应的资金，也是反哺的主体。周建华(2007)则基于农业在国民经济建设和发展中的基础性地位进行考察，进一步将工业反哺主体细分为政府、社会组织、工商企业和农户等。其中，作为国民经济管理者的中央到地方各级政府部门担负着反哺的推动角色，是工业反哺的重要主体；社会组织则是指与"三农"相关的各种社会非政府组织，它们筹集各种资源，通过提供资金、组织培训、技术支持等多种方式，促进农业和农村发展；而工商企业则通过为农业提供各类优质低价的生产要素和技术支持，提高工业生产效率以增强财政支农实力等方式，实现对农业的反哺；而作为农业经营活动微观基础的农户，既是工业反哺的客体，本身又是在农业现代化进程中承担一定义务的行为主体之一。

程漱兰(1999)认为，从农业的经济意义来考察，增加农业收入的衡量标准，是把包括劳动力、资金和土地等要素在内的生产要素投入农业生产领域时，能够获得与非农集团所拥有资金、技术等要素相同的收益，使农业生产至少获得社会的平均利润。从此观点出发，工业反哺农业的目标在于提高农业生产力，实现等量要素，获得等量收益，保障要素向农业正常流入而不是净流出。同时，基于农村的基础设施和文化、教育、卫生等社会事业发展远落后于城市地区的现实，工业反哺的目标在于不断改善农村的生产、生活和生态环境，实现城乡之间、工农之间的平衡发展。

在工业反哺战略中，各级政府相关职能部门居主导地位，社会组织、工商企业、农户等行为主体也承担着重要的角色。为实现提高农业生产力，城乡之间、工农之间平衡发展的基本目标，有两条基本路径，即政府主导和市场机制。

1.政府主导

政府主导是指以各级政府相关职能部门为行为主体的工业反哺行为,依靠调配政府掌握的各种资源以促进农业、农村发展,提高农民收入,从而实现农业现代化和城乡一体化。其中,国家强制力和财政资源的支持,是工业反哺过程中重要的保证。其实现形式主要是由中央政府或省级政府提供政策、资金、技术及制度创新方面的反哺供给,由县乡政府具体组织实施。

2.市场机制

工业反哺的主体除政府外,还包括工商企业、各类社会组织以及农户等,这些主体发挥政府以外制度力量的作用,培育多元化的非政府反哺形式,以市场机制的形式参与到工业反哺中。所谓工业反哺的市场机制,就是通过市场中的企业投资行为(包括各类行业协会等社会组织的行为),将资金、技术、现代营销和管理理念等生产要素引入农业和农村现代化建设中。在工业反哺中引入市场机制,可以引导工商企业在农村地区进行投资、生产和经营,为农业、农村带来资金、技术和先进的经营理念、营销模式、管理手段等现代生产要素。根据新古典经济理论的观点,相对于政府主导模式,这种发挥市场机制的工业反哺模式效率更高、带动作用更强(周建华,2007)。

2.2.3　国际经验

国际经验表明,无论是发达国家还是新兴工业化国家(或地区),在其工业化进程中,都无一例外地实行了(也都在继续实行)工业反哺的农村发展战略。在本节中,将分别对发达国家(以美国和法国为例)和新兴工业化国家(以韩国为例)的工业反哺战略进行介绍。

1.发达国家工业反哺经验

发达国家的一个基本特征就是工业化水平高度发达,而正是得益于高度发达的工业化水平,这些国家也大多在较短的时期内迅速地实现了农业现代化。而在这一进程中,即便是以市场经济高度发达而著称的美国,其政府也通过制定完整的支农护农法律体系[1],在法律层面上保证了反哺农业战略的实施。而法国政府更是始终将农业放在优先发展的地位,从政策制定到具体实施等全方位确保反哺农业战略得以实施。综合来看,以美国和法国为代表的发达国家的工业反哺战略具有如下的特点:

(1)加大农业科技投入力度,注重农业、农村的教育,建立完整的农业技术推广体系。美国有 3 个完整而高效运行的农业科研教育系统,即美国政府机关及其所属机构;包括种子公司、农机公司、农业化学公司、食品公司等设立的私营农业研究推广机构;以各州立大学农学院为中心的教学、科研和推广相结合的系统。这一完整的系统,不仅确保了美国农业科研在全球的领先地位,而且培养了大批高素质的农业人员。同样地,第二次世界大战后法国政府也出台了一系列的政策举措,加大了农业科研和教育的投入力度,建立了完整的农业技术推广体系。如建立以高等、中等教育和农业业余教育为主要内容的农业教育体系;建立完整的农业科研体系和健全的推广体系;鼓励地方和私人在农业地区创办农业科研机构等。

(2)加大农业资金投入力度,提供更多的农业信贷服务。随着农业现代化进程的不断推进,资本在农业中所占的比重持续增加,因此加大农业的资金投入力度就显得尤为重要。美国联邦政府和州政府及各地方政府,一方面多方投入资金支持农业基础设施建设,加大农业教育、科研、农业技术推广等领域的资金投入力度;另一方面综合运用财政政策和金融政策,充分发挥政策性金融的作用,吸收大量的社会资金和私人资金投入农业,同时,还通过发行债券、股票等形式筹集支持农业发展的资金。而法国在第二次世界大战后改变了原来农业投资领域中私人投资占主体的

---

① 这一套系统的支农护农政策和法律主要包括:《农业调整法》(1933)、《土壤保护与国内配额法》(1936)、《农业法》(1954;1956;1970)、《农业计划调整法》(1984)、《农业灾害辅助法》(1987)、《食品、农业、水土保持与贸易法》(1990)、《紧急农业金融救济法》(1998)、《农业安全与农业投资法》(2002)等等,从资源要素、产业组织、金融信贷、货币政策、作物保险、社会保障等各个领域进行多层次全方位的整合,支持农业及稳定国民经济。

状况,政府重视农业的投资,将农业投资纳入国家预算项目。在加大财政投入的同时,积极引导、激励其他投资主体参与到农业现代化进程中。

(3)进行产业融合,发展一体化农业。在传统农业时代,由于三次产业的相对分离,垄断的工商业资本对农业剥削严重,使得农业的利润极低。为改变这种状况,美国实行了农工商一体化经营策略,即农业同有关工商业部门在经济、组织和工艺等各个环节紧密联系在一起,形成农工商高度协作的合作经营机制。这种合作经营机制使得农业生产的各环节与工商业运行的环节有机地结合在一起,从而避免了工商业对农业利润的侵占。与之类似,法国则采用了一体化农业的形式,即在生产专业化和协调发展的基础上,工商业资本和农业资本通过控股或签订合同等形式,将农业以及与之相关的工业、商业、运输业、信贷业和部门连接在一起,形成风险共担、利益共享的共同体,从而实现了对传统农业的改造和工农的融合。

(4)开展国土整治,进行组织创新。传统的法国农业以小农场为主,数量众多的小农场,在法国整个农业生产中占据着重要的地位,但这些数量众多的小农场在市场竞争中的劣势十分明显。因此,法国政府加大了国土整治的力度,使得农场规模逐渐扩大,农业生产集约化程度不断提高。而美国众多的农业生产者为了改变农场在产品市场竞争中的不利局面,积极进行组织创新,建立众多的农业合作经济组织,有效地弥补和克服了传统农业生产中农户分散、农业相对处于弱势等缺点,加快了农业现代化的进程。

2.新兴工业化国家工业反哺经验

从20世纪60年代初到80年代的短短不到30年的时间内,韩国先后通过实行进口替代和出口导向的经济发展战略,实现了经济腾飞,但工业经济快速发展的同时农业却停滞不前,工业和农业发展严重失衡,农业和农村问题日益突出。为此,韩国政府从20世纪60年代末便提出了"为实现农业现代化奠定基础"的发展目标,将优先发展工业的战略调整为工农整合发展,通过实行工业反哺农业发展战略,以达到工农业均衡发展的目的。

(1)制定协调城乡发展的政策。为改变农业发展停滞、农村落后的状况,韩国政府统筹制定协调城乡发展的政策,具体包括三个方面:首先,加大农业科技投入,为农业发展提供技术支持,通过中央和地方各级政府的财政支持,建立以乡村振兴厅为核心的政府机构,包括大学和农业科研机构在内的农业教育、研究和推广体系,向广大农民提供技术支持和技能培训,以政府补贴的形式鼓励各种农业技术创新;其次,加大农业资本投入的补贴力度,政府以价格补贴和提供低息贷款相结合的形式,对广大农户进行资助,以降低农产品的生产成本和鼓励农民增加对农业的投入;最后,为确保增加农民收入,韩国政府对农产品实行价格支持,通过提高粮食的价格,来提高农民种粮的积极性。

(2)绿色革命和新村运动。20世纪70年代,相对于工业现代化的快速推进来说,韩国农业生产日渐萎缩,农村逐渐衰败。为改变这一状况,时任总统的朴正熙发起了著名的"新村运动"。通过实行改善农村公路、住房条件、饮水条件以及推广高产水稻品种、农村电气化等一系列项目的开发和工程建设,彻底地改变了农业停滞、农村落后、农民困窘的局面。"新村运动"的核心内容是强调勤奋、自立与合作。政府向农村提供水泥和钢铁,而农民提供免费的劳动力,这极大地激发了农民对美好生活的向往,促进了农村外部面貌的改善,并增加了农民的收入,缩小了农工之间、城乡之间的差距。

综合来看,工业反哺通过政策反哺、技术反哺、人才反哺、体制反哺等多种反哺方式,在政策取向上调整国民经济关系格局,促进产业由辅助型农业向现代农业转变,取得了巨大的成效。同时需要指出的是,尽管工业反哺农业是世界各国普遍实行的发展模式,在许多国家(尤其是发达国家和新兴工业化国家)取得了巨大的成功,但这种模式也存在着巨大的潜在风险。因为相对于工商业资本和企业而言,农业和农村处于明显的弱势地位,一旦不能有效地限制工商业资本对农业的剥削,则工商业资本不仅不能起到对农业的反哺作用,反而会成为农业资本、农民财富的"抽水机"。为此,首先必须建立健全工业反哺农业的法律体系,以立法的形式确定各项反哺措施,保证工业反哺农业政策的稳定性;其次,在强化政府作用的同时,也要规范各级政府的"越位""越权"和"越界"行为;最后,在积极引导大型工商业资本进入农业,实行农工商一体化经营的同时,也要注重本地农业专业合作组织的建设,增强广大中小农户抵抗市场风险的能力,提升农业与工业对接的能力,为工业反哺农业提供承接平台。

2.3　内生式农业发展模式

发达国家在工业化、城市化快速推进的进程中,大城市的经济和生活迅速改善,人口及资本规模日益扩大,但与之伴随的却是中小城市和农村区域的发展问题更加突出,农业发展滞后,农村日渐衰败,城乡差距逐渐拉大等现象日益严重,这引起了各国政府的高度重视。

为此,各国纷纷制定招商引资、工业反哺等战略力图依靠外在力量改变农村经济状况的外源型农业经济发展战略,其方式主要包括吸引工商业进入农村、加大农业基础设施建设力度、追加农业投资及提升农业劳动生产率等。这些方式的实施,一段时期内在一定程度上的确缓解了广大农村地区的窘境,但随着时间的推移,外源型发展战略的弊端也逐渐显现出来,其导致的结果是广大农村地区不仅丧失了经济、文化等方面的独立性,而且环境污染、生态恶化以及社区文化缺失等问题日益突出。在此背景下,一种新的基于农村地区"自我发展"的内源型农业发展战略,即内生式农业发展模式开始在各国出现。

2.3.1　内涵

与招商引资、工业反哺等外源型农村发展模式相比,内生式发展模式更加注重对农村地区生态环境以及当地农民利益的保护[①],是一种更具

---

① 张环宙等(2007)在总结现有文献的基础上,从收益主体、产业类型、开发主体、环保以及文化等五个角度,对农村经济的外源型发展模式和内生式发展模式的差异进行了详细的比较。

可持续性的发展模式。内生式发展模式强调的不仅是促进农村经济与就业在一定程度上的短期发展,而且强调基于本地资源、历史、文化与居民参与而制定的长期目标,自主选择、开发、建立完整的产业体系,试图从源头上解决就业问题,促使村民收入提高,进一步缩小城乡差距,促进当地经济健康持续发展。

1971 年,联合国社会经济理事会针对不发达地区的项目开发,提出了五点共识,即社会大众应该平等地享受社会发展的成果;在项目开发过程中应引入当地居民参与机制;在区域开发过程中实施必要的行政手段;对基础设施进行城乡统筹配置;保护环境。这五点共识是在对过去传统经济开发经验进行总结的基础上提出的,有别于各国在工业化、城市化进程中普遍实施的外生式开发模式。该共识更加强调平等、自由和经济民主化。这五点共识的提出,可以看作在世界范围内各国政府和学者关注和重视农村地区内生式发展模式的开始。

其后,各国学者都加大了对内生式发展模式理论和实践方面的研究。如 Carofoli(1992)指出,区域内生发展是在本地层面进行创新的能力,内生式发展意味着一种转换社会经济系统的能力,以及反映外界挑战的能力。Van der Ploeg 和 Long(1997)认为,内生式发展意味着一个本地社会动员的过程,它需要一个能够将各种利益团体集合起来的组织结构,去追求符合本地意愿的战略规划过程以及资源分配机制,其最终目的是发展本地在技能和资格方面的能力。因此,内生式发展往往被视为一种进步的发展模式,它使得农村地区发展的过程由本地控制,发展的选择由本地决定,发展的利益保留在本地。

需要指出的是,日本在农村经济发展过程中,十分注重内生式发展模式的应用。众多日本学者从不同的学科和视角对内生式发展模式进行了研究,也取得了丰富的成果。如社会学者鹤见和子(1969)认为,现代化的演化过程根据初始状态的不同可以大致分为两类,即"外发的发展"和

"内发的发展(土生土长的发展)"①。宫本宪一(1989)将内生式发展模式的要点总结为四点:地区内的居民要以本地的技术、产业、文化等为基础,以地区内的市场为主要对象,开展学习、计划、经营等活动;在环保的框架内考虑地区开发问题,追求包括生活适宜、福利、文化以及居民人权的综合发展目标;产业开发并不限于某一种相关产业,而是要跨越复杂的产业领域,力图建立一种在各个阶段都能使附加值回归本地的地区产业体系;建立居民参与制度,地方政府要体现居民的意志,并拥有为实现地区开发计划而管制资本与土地利用的自治权。西川润(2004)则认为,内生式发展强调本地自身的独立性和传统文化的重要性,不同的国家和地区有不同的历史、地理和政治条件,所选择的内生式发展方式也不同,核心是以人的发展为中心取代重视经济成长的一元论,当地居民积极参与并握有本地区开发的主导权。

尽管目前对于内生式发展模式的表述有所不同,但对以当地人为开发主体、培养当地的自我发展能力、环境保护、文化的多元性和独立性、地方自治等内容,绝大多数学者都持肯定态度。

综合来看,农业内生式发展模式的内涵主要包括如下几点:

第一,内生式发展模式的最终目标,是在保护本地的生态环境和文化传统的前提下,培养基于本地资源、文化传统等本地要素而成长起来的内生增长能力。内生式发展模式强调其战略的内生性质,培养落后农村地区的居民的开拓性和创新精神,使其回归主导本地发展的地位,能够有自身解决地区发展困境的热情并付诸实际行动,而不是一味依靠各级政府的政策扶持以及外部力量的进入。因此,内生式发展在强调提高经济和生活水平的同时,更加注重对本地居民开拓性和创新精神的培养②。

---

① 进一步地,鹤见和子(1989)从社会学的研究视角出发,认为社会的发展并不是完全按照欧美模式所主张的单一价值观进行的,而是在尊重不同的宗教、历史、文化传统和自然条件的基础上,寻求多样化的社会变化过程。

② 对国内外成功的内生式发展案例考察发现,具有创新能力的关键性人物是推动内生式发展不可缺少的因素。这些关键性人物不仅要了解本地资源和各种传统的价值,而且还要接触到外部的先进技术和制度,能够通过自身的领导力和号召力将这些先进技术和制度传递给本地居民,进而推动本地固有资源和传统的再创新进程。(胡霞,2011)

第二,实现内生式发展模式的目标,培养本地力量,必须要确保本地人在地区开发中的主体地位,确保本地人成为地区开发的主要参与者和受益者。传统的招商引资和工业反哺等外源型地区发展模式,由于外部力量占主导地位,在发展过程中本地居民参与程度有限,因此都在不同程度上牺牲了本地居民的利益,造成了外部力量对本地利益的剥削。而在内生式发展模式中,要充分考虑本地居民对本地的熟悉程度以及对本地利益的维护程度,吸收本地人参与到整个地区开发的全过程中。但也必须意识到,强调本地居民在开发过程中的主体地位,并不意味着农村地区将离开外部城市和工业而独立发展。相反,农村地区可以充分合理地利用外部的资金、信息、技术等有利条件,在开发过程中更好地发挥本地居民的主体作用。

第三,为了保证本地居民在开发过程中的主体地位,必须建立一个能够体现本地居民意志,并且有权介入地区发展决策制定的有效的基层组织。内生式发展模式不仅是指导理念的变化,还涉及地方组织的变化。传统的自上而下的集权式的组织模式,常常因为其较高的管理成本和较低的运行效率,而不能适应地方日益高涨的发展需求。而内生式发展模式从其本质上考察,是一种自下而上的、依靠本地基层力量推动的发展模式,因此,建立一个有力的基层组织参与本地农村地区开发的全过程就显得尤为重要①。

第四,要改变农村地区经济发展落后的局面,从根本上说,要建立基于本地要素资源、文化传统等的产业体系。对日本农村地区内生式发展战略的实践考察发现,推进内生式产业体系建设的途径通常有两种:一种是根据现代社会需求变化的趋势,发展壮大农业地区现有的产业,特别是

---

① 在这方面,日本在内生式发展模式实践中做了很多富有成效的探索。如在 1998 年审议通过的日本第五次国土开发计划的基本课题和战略中专门指出:"为了实现多轴型国土结构,各个地区要创造高质量的生活和就业,为此应充分发挥各地区特有的历史、自然和文化积累的作用,推进自主性的地区建设。这种建设的核心是:各地区的自主选择和承担责任的自主努力。"而在论证实现国土计划的手段时,该计划首先强调"富有个性的地区建设应当由包括当地居民、民间团体和本地企业等在内的多样性主体参与",随后对政府和民间团体之间的分工和责任做了明确的规定,并且从四个方面提出了确保"多样性主体参与"的具体对策,即向当地居民和民间团体公开各种国土开发信息;放宽政策限制,充分利用民间的资金和技术;积极推进地方分权,扩大地方财政来源;建立当地居民参与地区建设规划的沟通协商制度。

与区域内生态环境和自然资源相适应的农林业和旅游业。这种发展途径强调农村地区在发展的过程中,对自然资源、环境、本地文化传统的传承和保护。另一种则是在建设当地居民生活所需产业以及现有配套产业方面,要注意充分利用本地资源、劳动力和技术等要素,更多地依靠本地的资金和管理经营能力。作为兴办产业的原则,要尽可能利用当地资源和要素进行生产,最终达到替代外部流入的产品的目的,同时销售到外部地区的本地产品应尽可能提高加工程度和附加价值。同时,在这个过程中,强调创新精神和开拓意识,要依靠现代信息技术,根据市场需求,并结合自身的优势,最大限度地开发本地有潜力的技能和技术。

2.3.2　国际经验

虽然大多数发达国家全职农民占总人口的比重很低,但多数国家农村人口所占的比重依然较大,如美国农民占总人口的比重为 20% 左右,而农村非农人口比值一直维持在 20% 左右(Kilkenny,2004),法国农村非农人口数则一直维持在 800 万左右(Ravignan 等,1990)。因此,从这个意义上说,不仅是广大的发展中国家,包括发达国家在内,复兴农业部门和农村地区仍然具有重要的意义。

在理论上,按照传统的新古典经济学的观点,农业部门存在规模收益不变和完全竞争的基本特性。因此,所有农业产出等于投入要素的报酬,没有任何剩余作为技术创新的补偿。这样,生产率提高和产品创新只能依靠基础设施和研发方面的公共投资,这使得农业部门和农村地区的任何内生性创新动力都无法实现。而且,由于农民只能生产无差异的农产品,他们无法避免市场上价格和成本的竞争。随着全球化和国内市场扩张导致的产品市场竞争的日益加剧,农民只能依靠政府不断增加的补贴和保护来维持生计。

与理论上对农业发展的悲观看法相比,从 20 世纪 80 年代开始,在美国、日本等国家的落后农村地区,纷纷开始通过实行"草根运动"来发展当地经济。而在此之前,这些落后地区的经济发展往往是依赖于招商引资和工业反哺等外生式发展战略。这些农村地区村民发起的"草根运动",基于社区的"自我发展""一村一品"等内生式发展实践,对广大落后农村地区的发展战略具有重大的启示和示范效应。

1.美国的农村自我发展战略

对于奉行自由市场经济的美国来说,在其传统农业发展过程中,对大多数农村地区而言,当地经济发展往往被看作是以较小的成本维持其运转,因而较低的税收水平、较少的政府干预长期以来都被看作是最好的运行方式。由于政府和外来力量的介入有限,因此当地居民和企业在地区经济发展中承担着主要责任,所以众多农村落后地区经济的活跃程度都较低。

当然,也有很多地方政府试图从供给和需求两个层面投入农村地区的经济发展中:供给层面的举措主要是政府制定相关政策,为农村地区提供优惠的条件以吸引潜在的工业企业,具体包括进行区域规划、提供低价的服务、土地支配权的使用、通过税收减免以及增加利润等措施来提高地区经济发展;需求层面则是指不仅包含许多税收和基础设施等优惠,还包括地方政府直接投资,如发展中小企业,设立风险投资基金,建设公私合营项目等措施。

但这些主要依赖于外部力量的发展模式,通常不能为落后农村地区的居民所广泛接受,因为他们不信任这些推动落后地区经济发展的外来者。当地居民认为,这些外来者毫无疑问是想从地区经济发展中获得好处,一旦他们获得了足够的利润,便会选择离开,而本地居民将获利很少。

正因为如此,从 20 世纪 80 年代开始,在美国很多落后农村地区,本地居民纷纷通过实行自我发展战略(Self-Development Strategy)来发展农村经济,即通过当地居民主导经济活动,创造地区自己可控的工作岗位,并且创造新的收入来源。实行自我发展战略的社区相信他们能够创造地区经济主动性,并且有足够的自我组织能力来完成。而提升本地可控发展的方法主要包括积累本地资本的意愿,这种意愿应该优先使用地区内的土地和其他有效资源。综合来看,自我发展战略基于如下的理念:地方社区既要为当地居民的收入和福利水平的提高承担义务,同时还要有能力帮助居民提高这种福利。

Reid(1987)认为,自我发展战略是通过项目的实施、新创或者扩张一个新企业给社区带来收入并(或者)增加新的就业机会。该战略具有三个基本特征:当地组织的发起①;大量本地资源的投入(当然,这并不代表绝对排斥使用外部资源);企业或者项目的执行必须受本地控制。自我发展战略是指那些不依赖于外部招商引资的经济发展活动。它不包括当地企业建立的商业活动,除非这些项目有广泛的社区参与;也不包括联邦或者州立的设施建设,如监狱或者职业培训机构,因为这些机构都不是由当地来控制的。

Cornelia Flora 等(1991)主要采用实地调研方式,通过对美国 100 多个实行自我发展战略项目的综合考察,从项目类型、项目发起源头、成本与收益、主要困难等四个方面,对美国自我发展战略进行了总结。

对自我发展战略根据项目活动进行分类时发现,旅游和文化活动占比最大,接下来依次是已经存在的商业利润划拨和扩张、当地可控的产业发展、历史遗迹的维护和翻新等。事实上,在很多案例中,项目综合了几种分类类型,如一个社区拥有的商业同时也是一个历史古迹保护项目,统计结果见表 2-1。

表 2-1 自我发展战略项目类型及占比

项目类型	项目占比 / %
旅游/艺术和手工艺品博览/娱乐/文化活动	39
商业利润划拨和扩张/中心区复兴	32
自控产业发展	19
历史古迹的翻新和保护	16
孵化器/小商业企业帮扶中心	16
社区所有企业	15
利润增加企业(本地资源产品不断开发)	15
工人所有企业	13
社区金融机构/借贷基金	12

---

① 尽管与传统的招商引资等发展战略有着本质的区别,但自我发展战略的发起者在大多数情况下,依然是本地政府。

项目类型	项目占比 / %
农业市场组织	12
社区服务企业	4

资料来源:Cornelia Flora,et al. Rural economic development through local self-development strategies. Agriculture and Human Values,1991.

从项目发起源头考察,有 54%的自我发展项目的兴起是对社区(地区)特定事件的反映,集中在工厂倒闭(41%)和地方经济出现衰退(43%),而其中农业本身的危机诱使项目兴起只占 9%[1]。而地方政府部门通常都会参与其中,统计表明:在项目的启动阶段,有 24%的项目地方政府没有参与;在提升阶段,当地市或者县政府部门积极参与其中 55%的项目。在项目启动或者关键时刻发挥作用的群体调查中,私人资本(39%)和市政府(28%)被认为是项目发起的关键因素,而县政府则很少被认为在发起过程中承担主要角色,工会组织、地方院校等也很少被认为在项目发起阶段发挥作用。进一步分析发现,自我发展项目依赖于四种主要的方法来发展其战略,19%的项目起源于私人,20%的项目是通过公开会议或者听证会的方式来选择项目。

自我发展项目的收益形式主要有工作岗位的创造或者节省[2]、新领导人物的产生、本地经济的多元化,或者是地区经济的新增收益等。而社区成本则包括政府服务需求的增加、由于税收减免导致收入的减少、社区

---

① 由此看来,美国自我发展战略的兴起可以看作是对 20 世纪 80 年代早期经济衰退的一种反映,即整个 80 年代美国加工企业和其他公司企业的倒闭和退出,使经济在整个非城市地区出现持续的停滞。

② 当评价一个自我发展项目的成本与收益时,一个关键的问题就是检验谁将获得创造的就业岗位(Logan 和 Molitch,1987;Summers 和 Branch,1984)。调查结果表明,经平均计算,91%的工作岗位被项目的本地居民所承担,超过一半的案例显示项目创造的就业岗位 100%被本地居民所承担。进一步考察发现,自我发展项目平均创造(或节约)的工作岗位是 56 个,但因为一些异常值使得这个数字有一定的欺骗性,项目创造或节省工作岗位的中位数是 25。从项目平均数来看,创造或者节省的工作中 28%是非熟练工人,43%是熟练工人,因此自我发展项目创造了一种相对广泛的就业机会,而不是集中在非熟练工人的角度。

成本的增加(如空气和水污染),或者本地社区已有商业利润的损失等。自我发展项目的资金来源可以分为四类,即本地公共部门、非本地公共部门、本地私人、非本地私人。其中,私人资本来自于本地的比例大于外来的比例,只有15%的资本依赖于非本地的外来资金。外来资金中来自基金的占14%,个人的占29%,商业的占29%。而本地私人提供资金比例通常为私人51%,本地商业19%,商业银行提供的资金少于10%。尽管大多数项目都会给本地政府增加间接成本,但实际考察发现,在大多数自我发展项目中,当地政府并没有减少收入,只有17%的项目使得地方政府减少了收益。

就其自然属性而言,自我发展项目是属于非传统的,因此其必将面临许多传统的经济活动所没有的各种障碍。调查发现,项目资金的可获得性和成本被认为是项目实施过程中的两个最大障碍。这意味着商业银行在自我发展项目中的作用并不明显,商业银行可能认为自我发展项目风险太大,这就使得社区为了项目的实施,转而寻求其他的私人或者公共资金资源。数据表明,32%的自我发展项目资金的可获得性被认为是最大的障碍,52%的项目被认为是有一些障碍。20%的项目中资金的成本被认为是最大的障碍,而52%的项目被认为是有些困难。除了贷款的可获得性和利息成本外,管理能力缺乏(13%)、熟练劳动力缺乏(10%)、技术支持缺少(12%)等被认为是主要的约束和障碍。

越来越多的证据表明,美国自我发展运动出现的频率越来越高(Clavel和Kleniewski,1990)。在过去一段时期内,由于农村经济的衰退,以及一些特殊的事件如工厂的倒闭,使得一大批自我发展项目不断涌现。尽管危机是这些项目出现的必要条件,但看起来并不是充分条件,因为有很多社区(经济萧条)并没有采用这种发展战略。因此,我们认为,自我发展战略的实施看起来并不会取代传统的经济发展方式,但可以作为传统经济发展方式的有益的补充。

2.日本的"一村一品"运动

日本经济之所以取得巨大的成功,其核心原因之一就在于吸收大量的外来技术、外来文化以及外部资源等要素的同时,通过植入内在文化传统等因素，强化其根植性和本土性，并在此基础上不断创新。这些特征构成了"内生式发展理论"的精髓。

从 20 世纪 60 年代开始，日本政府便一直通过补贴、关税和其他政策措施对农业进行高度保护。这些农业保护政策的实施，严重扭曲了农业及相关市场上正常机制的运行，同时也阻碍了日本农业的现代化和融入全球化的进程。但即便实行如此高强度的农业保护政策，依然无法阻止广大农村地区人口不断流向大城市以及农村产业日益衰败的状况发生。此后，各地政府加大了招商引资的力度，但始终没有在农村地区建立起一套完整的产业体系。农村地区的主要产业还是农业和林业，以及以当地居民为主要消费者的商业和服务业。招商引资、产业诱致等政策实施的结果，不仅使得当地经济发展的带动作用有限，而且还使得农村地区成为发达地区劳动力等资源要素的输出地，农村地区反而更加衰落，而且还加剧了环境的恶化。

在此背景下，当地众多的有识之士，在广大的农村地区自发兴起了农村发展的"草根运动"①，以期改变农村地区日益衰落的局面。尽管这些运动都以自己独特的路径发展，但所有成功的"草根运动"都具有共同的战略目标，即识别、挖掘和培育并充分利用本地资源（这些资源涵盖极广，既包括有形的土地、劳动力、特色产品等，也包括如历史传统、手工艺、文化等众多的无形资源），促进独特的本地产品和服务的持续健康发展，并通过日益完善的营销，保障独特的本地产品在更大的外部市场上销售。通过发起这些"草根运动"，日本众多农村地区都建立了基于本地资源的完整的产业体系。通过品牌农业的建设，增加了特色产品的市场价值，农民收入水平得到了很大的提高，城乡差距有所缩小，农村地区的经济开始复苏。这些发展方式中最成功，也最为世界各国广大落后农村地区推崇和仿

---

① 日本最早的农村"草根运动"发生于 1961 年位于九州岛大分县小山町的村庄，在小山町农业合作社社长八幡晴美的领导下，开始将种植水稻的农田开发为李子园和板栗园。年轻农民不顾当地年长者的反对，与大分县的农业政策以及日本政府鼓励大米生产的政策背道而驰，发起了一场所谓的 NPC 运动（即新李子板栗运动）。该运动帮助当地农民摆脱了日益加剧的贫困，并且使他们不再将种植水稻作为唯一的希望。

效的便是"一村一品"运动(One Village One Product Movement, OVOP)。它集中体现了区域内生式发展的思想内容:充分开发和利用本地资源,发展适合本地区的特色产业,不断增加本地特产的多样性,以实现可持续发展。

第二次世界大战以后,日本城市化和工业化进程加快,而相应地,农村经济却出现了停滞。时任大分县知事的平松守彦(Morihiko Hiramatsu)在 1979 年发起了著名的"一村一品"运动,主张要教育并引导当地农民重新认识和发现自我,寻找本地经济发展的亮点,充分利用本地资源,生产具有本地特色的农产品,借以重塑本地民众的信心,激发民众的热情,发展本地经济。该运动在发起后,迅速流行并加速发展。在仔细研究了大分县的几个村庄的"草根运动"后,平松守彦针对"一村一品"运动的成功推行,于 2000 年提出了著名的"一村一品三项原则":创造反映本地文化特色的全球可接受的产品,即立足本地、放眼全球的本地化加全球化原则;通过利用本地潜能的自主行动,实现"一村一品",即自力更生与创新原则;培养本地具有全球理念和开拓精神,且能够带动"一村一品"运动走向进一步成功的领军人物,即本地人力资源开发原则。

综合日本的"一村一品"运动实践,其实现途径主要包括如下几个方面:

第一,立足本地资源,大力推进运动项目,开发特色农产品。"一村一品"运动覆盖很大的活动范围,如 2000 年大分县的社区推广活动就达到了 103 个项目,特殊设施项目为 134 个,环境项目和文化项目分别为 76 个和 124 个。同时,开发本地特色产品是"一村一品"运动得以成功的最重要环节,目的在于通过对地方农林水产品、传统工艺品、加工品等特色产品进行重新认识,开发具有创新性的农产品。如大分县有布院町(即村庄)人口 1.16 万,温泉资源十分丰富。该町以旅游业为主导进行地域开发,打造世界一流的旅游业,2003 年观光游客达到 412 万人次。统计表明,大分县 2000 年特产项目中特色农产品就达 157 种,手工艺品和其他产品有 33 个项目,见表 2-2。

表 2-2　大分县 2000 年"一村一品"运动项目

项目类型		数量
社团促进活动		103
特殊设施项目		134
环境项目		76
文化项目		124
特产项目	农产品	157
	畜牧业产品	35
	畜牧加工产品	39
	水产品	38
	林业产品	27
	手工艺品及其他	33

资料来源：赵伟，藤田昌久，郑小平，等.空间经济学：理论与实证新进展[M].杭州：浙江大学出版社，2009.

第二，发挥各级政府的引导作用，同时在资金、技术等方面对项目予以支持。其中，中央政府加强对农村地区基础设施建设的力度，而地方政府则给予"一村一品"运动具体性的引导和服务。如大分县政府在特色农产品的生产、加工、开发、扩大销售渠道等方面都对农户给予了很大的支持，给"一村一品"运动的发展提供了产业选择、技术开发以及市场开拓等各个方面的服务，其中包括成立大分县农业技术中心、大分县温泉热花卉研究指导中心，以及香菇研究指导中心等科研机构，为当地农户提供技术支持和指导。

第三，健全农协的体系建设，强化"一村一品"运动的组织保障。由于农业面临着自然环境和市场的双重风险，小农户如何与大市场成功对接的问题尤为突出。日本建立了完善的农协管理组织体系，形成了全国、县级（县联）和基层（单位农协）三级网络。各级农协在公司化、市场化运作的基础上，为会员提供产品供需信息、市场销售、信用贷款、农业保险、生产资料、技术服务和人才培养等全方位的服务，成为广大农民参与市场的重要平台。资料显示,日本成立的基层农协就超过了 4000 个,而全国99%以上的农民都加入了各级农协,从组织上突破了农户家庭经营的局限性,提高了农业经营的规模效益,成功实现了小农户与大市场的有效对接。

第四,注重培养本地居民,提高广大农民的综合素质,激发其开拓精神和创新精神。事实上,平松守彦先生在提出"一村一品三原则"时,就特别强调本地人力资源的发展,培养居民的开拓精神和创新精神。基于这一目的,大分县建立了一些地区培训学校,其中包括"'一村一品'女子百人团"的推行。到 2002 年,即培训学校建立的第 10 年,已经有 1991 名毕业生。这些毕业生在各自的地区中都在积极地开展与"一村一品"运动相关的工作。同时,还注重广大农民精神面貌的改善,通过开展丰富多彩的文艺活动,营造社区"干劲、朝气、自主、自立"的积极向上的氛围。

第五,大力发展加工工业,提升农产品的附加值,打造区域品牌农业。传统农产品由于其同质性的基本特征,附加值不高、经济效益低下。而要将落后地区的初级产品快速提高到二次产业比较困难,大分县根据本地农业发展的实际,提出了"一点五次产业"的概念,即通过本地居民将农产品进行简要的手工加工后才投向市场。这样不仅有利于农产品的储存,消除了农产品生产过剩的隐忧,而且还在一定程度上提高了农产品的附加值,也解决了本地劳动力的就业问题。同时,相对于深加工农产品,这些初级加工产品一方面符合部分消费者追求农产品朴素、天然的需求,另一方面也迎合了消费者购买健康、新鲜食品的心理,因此具有很大的市场。此外,农村地区注重市场导向,瞄准国内外市场,打造区域知名品牌。通过电视广播、召开产品展销会等多种形式,开展促销活动,提高区域农产品品牌的知名度。

第六,持续给本地注入新鲜血液,保持社会资本。通常来说,已经取得成功的项目在保持一段时间后,容易出现停滞的局面。这主要是由于农村社会固有的特性,即相同的一群人生活和工作在一个相对封闭的环境,传统的风俗习惯对他们的影响极大,容易形成路径依赖,社会就变得停滞不前。因此,为了维持创新的成果,需要建立一个鼓励不断注入类似新个性和新知识的组织系统。同时，还可以通过现代通信技术，加强与国内外其他产品生产者，以及各类技术中心和大学机构之间的联系和沟通，相互学习，促进社会资本的不断积累。

农村地区内生式发展模式的相关研究，近年来受到国内外学术界广泛关注，其演化过程与发达国家经济发展过程中广大落后农村地区密切相关。尽管内生式发展模式被很多学者视为农村地区经济统筹发展的重要方向，但是由于内生式发展模式产生和演化的过程尚短，很多问题还需要进行深入探讨。

当前中国"三农"问题依然十分突出，国家也制定了各种政策以解决"三农"问题。但在具体落实各项措施的过程中，由于长期工业化思维的惯性模式，在追求农村经济发展的同时，往往难以顾及农村地区的传统文化和生态环境，难以充分调动当地广大农民的积极性。其结果显然不利于农村地区的长期可持续发展以及社会和谐，也与国家"新农村"建设等农村发展理念相悖。而内生式发展战略则提供了另一种可能的模式，其推崇多元化的发展目标，尊重当地人的利益，重视基层组织建设的理念，试图探索出一条民主、分散、注重文化和生态的新道路，以解决农村的发展问题，其应用的前景值得期待。

2.4 本章小结

农村经济发展战略是国民经济发展战略的重要组成部分，是实现农村经济发展的内在保障。本章对国内外农村经济发展战略进行了系统的梳理，对三种主要的农村经济发展战略模式，即招商引资、工业反哺和内生式发展模式，分别从理论基础、产生动因、优劣势以及国际经验等视角，进行了深入的分析。各小节既自成体系，相互间又具有一定的内在逻辑。

不仅在广大发展中国家，而且在发达国家农村经济发展过程中，地方政府也热衷于招商引资战略，其主要的原因集中在传统习惯、预期收益、政治收益、高折旧率以及多元化发展等方面。但该战略在实际执行过程中存在很多问题,主要有:对整个国家来说,该战略是一种零和博弈;由于竞相实行招商引资战略,各地引入外来力量的机会不断减少;地方政府引入企业成本较大;外部资金通常很难与本地资源和传统相结合,一旦撤出,本地将出现经济空心化;外来企业投资本地的根本出发点是追逐利润,这种属性决定了其在空间上的快速流动性,造成了引入地较短的利润周期。正因为如此,一旦招商引资模式运用不当,对资金缺乏、资源环境更加脆弱的落后农村地区而言,会有更大的灾难。第2.2节对工业反哺农业的发展模式进行了全面的梳理,农业和工业、农村和城市的二元结构,无论是在理论界,还是在实践中,都是被关注的重点领域。发达国家工业反哺的主要举措包括:加大农业科技投入力度,注重在农业、农村方面的教育;加大农业资金投入力度,提供更多的农业信贷服务;进行产业融合,发展一体化农业;开展国土整治,进行组织创新等。而以韩国为代表的新兴工业化国家工业反哺的主要经验是:制定协调城乡发展的政策;进行绿色革命和新村运动等。无论是发达国家,还是发展中国家,在实行工业反哺中都存在着一定的问题:农业和农村的弱势地位决定了一旦不能有效地限制工商业资本对农业的剥削,则工商业资本不仅不能起到对农业的反哺作用,反而会成为农业资本、农民财富的"抽水机"。为此,在实行工业反哺战略时,必须建立健全工业反哺农业的法律体系,保证工业反哺农业政策的稳定性。同时,要规范各级政府的"越位""越权"和"越界"行为。最后,也要注重本地农业专业合作组织的建设,增强广大中小农户抵御市场风险的能力,提升农业与工业对接的能力,为工业反哺农业提供承接平台。正是基于招商引资战略和工业反哺战略的种种缺陷,近年来内生式农业发展战略开始受到了各国的关注。与招商引资、工业反哺等外源型农村发展模式相比,内生式发展模式更加注重农村地区生态环境的保护以及当地农民的利益,是一种更具可持续性的发展模式。内生式发展模式的内涵体现在四个方面:该模式的最终目标,是在保护和维护本地的生态环境和文化传统的前提下,培养基于本地资源、文化传统等本地要素而发展起来的内生式增长能力;为实现内生式发展目标,培养本地力量，必须确保本地人在地区开发中的主体地位，确保本地人成为地区开发的主要参与者和受益者；为保证本地居民在开发过程中的主体地位，必须建立一个能够体现本地居民意志，并且有权介入地区发展决策制定的有效的基层组织；要改变农村地区经济落后的局面，要从根本上建立基于本地要素资源、文化传统等要素的产业体系。而美国农村的自我发展运动和日本的"一村一品"运动的实践，体现了内生式发展模式所具有的诸多优点，如推崇多元化的发展目标，尊重当地人的利益，重视基层组织建设的理念等，这对我国农业经济实现内生式发展有宝贵的借鉴意义。

3 农业经济发展的实现途径:农业产业集群

农业产业集群是农业、农村经济发展的主要产业组织形式,是发展现代农业的方向之一,对促进国家和地区的经济增长具有重大的战略意义。美国、法国、日本、荷兰等农业发达国家的农业产业集群,已经造就了其强大的农业竞争优势。而目前中国农村的土地产权制度,以及特殊的统分结合的双层经营体制等因素,对农业产业集群的形成和发展提出了严峻的挑战。本章主要基于发达国家产业集群的相关理论和经验,探讨这样一个问题:农业产业集群能否作为农业经济发展战略的实现形式?

本章的结构安排如下:首先,在梳理国内外产业集群相关论述的基础上,对农业产业集群的内涵进行概括;其次,结合相关案例,从农业产业集群研究的视角,对马库森产业集群分类进行分析和总结;再次,对农业产业集群的优势、劣势进行分析;然后,对影响农业产业集群的因素进行深入分析;最后,是发展农业产业集群的政策启示。

从国际经验来看,农业和农村经济发展经历了不同的演进阶段,相应地产生了不同的发展战略,但到目前为止,在理论界还没有形成一个完整而有说服力的体系。由于市场、制度、技术、组织的不断变化,竞争环境日新月异,使得很多学者尝试通过创新来对传统研究范式进行补充和修正的努力难以实现。而从各国农业产业发展的实践来看,以建立产业园区和财政刺激为基本特征的招商引资项目,通过风险投资和孵化器等方式产生了大量的中小企业。一部分小企业是以产业诱致的形式被引入本地的,同时,也有众多企业基于本地力量而发展起来且大多以提升本地原有的产业为主要目标。这些企业在空间上相对集中而形成了产业集群,极大地促进了当地经济和农业的发展。

对农业经济发展进行研究的切入点众多,从农业产业化战略演进的视角进行研究的文献,其研究方向主要集中在如下几个方面:招商引资的核心目标或聚焦点、小企业发展、本地传统产业的传承和改进、本地农业产业集群的发展等。

农业产业集群作为发展农村经济、增加农村地区就业的重要方式之一,将其提升到农业经济发展战略层面是否明智?对于该问题,长期以来,无论是在理论层面,还是在实践中,都存在较大的分歧。

对发展农业产业集群持肯定态度的学者通常会列举出一系列成功的案例,这些农村产业集群都对当地经济发展做出了重大的贡献;反之,对农业产业集群发展持否定态度的学者,尽管他们一方面承认农业产业集群能够给当地带来大量的就业机会和利润,但与此同时,他们也对很多农村地区只看到成功的案例,而不顾本地实际发展农业产业集群行为的成效表示怀疑。在持否定态度的学者看来,并非所有的农村地区都适合发展农业产业集群,发展农业产业集群需要具备很多必要条件,而且这些条件的机会成本极高。对那些缺乏必要条件的农村地区而言,实行农业产业集群的实际效果不仅不会很好,而且还可能会错过其他能够带来更多就业和利润的发展机遇。因此,各地应该根据本地资源禀赋条件和农业经济发展的实际情况,因地制宜地选择更适合本地经济发展的战略,而不能一味地跟风,大力发展农业产业集群。

为理清这个问题,本章接下来将在对农业产业集群内涵进行界定的基础上,分别从农业产业集群的分类、优劣势、影响因素以及政策启示等方面,对农业产业集群发展战略进行深入的研究。

3.1 农业产业集群的内涵

目前,国内外还没有形成一个统一的农业产业集群概念。国外的研究更多的是将农业产业集群与食品加工集群,以及农业企业集群结合在一起,基于此,对农业产业集群概念的界定主要有两个思路:一个思路是从农业产业集群活动的视角出发,如将农业和食品加工业产业集群活动归为农业生产、农业支持和增值加工这三种形式(Oklahoma Governor's Council for Workforce and Economic Development,2005);另一个思路则是从产业集群要素的组成进行考察,如认为农业产业集群由农业生产、食品加工和农场投入制造等三个子集群所构成(Kulshreshtha 等,2005)。国际经济合作与发展组织(OECD)则将农业产业集群初次列入部门或产业的范畴,认为农业产业集群是一组在地理空间上相互临近,以生产和加工农产品为对象的企业和互补性机构,在农业生产基地周围,由于共性或者互补性而联系在一起,形成的一个完整的有机整体。

进入 21 世纪后,伴随着农业产业集群实践的不断发展,国内学者也开始关注农业产业集群的相关问题。对于农业产业集群的概念,尽管由于关注的重点不同而有所差异,但其内涵主要集中在三个方面:农业产业集群是以农业或农业关联企业为基本单位;农业产业集群具有空间地域的集聚特征;农业产业集群是集群内部成员柔性结合的有机整体。

对农业产业集群进行研究的历史,最早可以追溯到杜能(1826)的农业区位论,但其后来的对产业集群的研究视角主要集中在工业、商业、城市等领域。不少学者通过引入各种影响集群形成和发展的因素,分析产业集群的区位因子、外部规模经济、路径依赖、集聚经济、技术进步、运输成本、报酬递增等问题(韦伯,1909;马歇尔,1920;廖什,1944;胡佛,1937;波特,1990;克鲁格曼,1991),而对农业领域的研究则是一片空白。

之所以会出现这种对农业产业集群研究几乎完全忽视的现象,主要原因在于在作为西方主流经济学的新古典经济学中,关于农业部门存在规模收益不变和完全自由竞争的两个基本假定。在两个假定的前提下,农业产出等于投入要素的报酬,没有任何剩余作为技术创新和研究及开发方面的补偿,生产率提高和产品创新只能依赖于基础设施和研发方面的公共投资,这就使得农业部门和农村地区的任何内生性创新动力都无从谈起(罗默,1992)。不仅如此,新古典经济学还认为,由于农业生产的产品是同质无差异的,其无法避免产品市场中的价格和成本竞争。因此,全球化的发展和国内市场的快速扩张,必然导致农产品市场竞争的加剧,农民只能依靠政府不断增加的农业和农产品补贴,以及保护措施维持生计,同时还必须承受工资与收入的不断下降(瑞伊,1998)。

但是,随着以美国、荷兰、日本等国家为代表的农业产业集群的快速发展,加之新经济地理学(NEG)和内生式增长理论的迅速崛起,越来越多的学者认为新古典经济学中有关农产品是无差异产品的假设存在问题,开始意识到农业部门也可以出现产品差异化、内生性创新或知识外部性等现象(罗默,1994;藤田久保、克鲁格曼,1999)。新经济地理学理论中产业集群的核心内容——产品差异化,在农业产业集群中能够以品牌农业(Brand Agriculture)的形式得以体现。尽管农业依附于土地的这一本质属性,决定了农业产品差异化不会像工业和服务业一样,导致生产者和消费者的大规模集聚,但仍可以通过农产品差异化在本地资源、品牌农业和基础设施共同演进过程中的相互促进,在分散的环境中实现农业产业集群的发展(藤田久保,2009)。这种基于本地资源(Local Resources)禀赋差异的品牌农业,通过在市场中获得的经验和专业技术,能够对本地资源基础以及管理能力形成一种正反馈,从而产生规模经济和范围经济,使得农业产业集群能够实现可持续发展(凯尔凯利,2003;卢卡斯,1988)。

上述理论和实践经验强调了农业产业集群形成和发展过程中本地资源的重要性,这种基于本地资源的品牌农业,一旦生根便具有在本地持续发展的能力和倾向,进而产生本地资源锁定效应(Lock-in Effects of Local Resources)。

正因为理论上的突破和相关实践的不断涌现,近年来农业产业集群开始成为研究的热点之一,其研究视角主要集中在形成条件、形成和发展动力机制、形成模式、产业集群与地区经济增长之间的关系、集群产业政策等。

尽管从理论层面上已经证明,通过农业产业集群的发展,农业经济也可以和工商业一样实现规模报酬递增,而且在实践中,无论是发达国家还是发展中国家,都有大量的通过产业集群实现农业经济快速发展的成功经验,但对于是否能将农业产业集群提升到实现农业经济发展的战略途径层面,即是否所有的农村地区都适合发展产业集群,还存在较大的争议。

Claus Steinle 和 Holger Schiele(2002)在充分吸收现有文献的基础上,对发展产业集群战略的充分条件和必要条件进行了详细的分析①。

产业集群产生的充分条件主要有:(1)较长的产品价值链。随着产品价值链的延长,产业集群内企业间的分工就会更加细致,且企业的专业化程度就会进一步加深,这就为集群内企业间的合作以及企业创新能力的提高创造了更大的空间。(2)企业间的产品具有多样化和差异化的特征。产品价值链在不同阶段的竞争力的差别越大,单个企业完全掌握此种技术的可能性就越小,从而对集群内企业间的专业化分工与合作的需求就越强。(3)技术创新的网络性和知识的缄默性。创新网络的目标是利用不同组织的资源和差异化的技术能力。在产品生命周期的初始阶段,技术知识、产品生产的关键常常是缄默型的,此时,企业集聚在一起有利于近距离地相互学习和模仿,从而获取知识外溢。而随着产品的不断成熟和标准化生产的推广,产品生产的技术知识被编码成可以远距离传递的信息,此时企业在空间集聚的动力减弱。(4)市场的多变性和柔性化的生产方式。产业组织和生产组织的形式,主要由企业所处的竞争环境对时间和空间的控制特征所决定,而时间和空间的控制则与企业所处竞争环境的稳定性密切相关。

产业集群产生的必要条件是:第一,产品生产过程的可分性。随着产品生产技术水平的不断提高,产品生产过程可以被细分为不同的阶段,这

---

① 需要说明的是,Claus Steinle 和 Holger Schiele 对产业集群生成和发展的充分条件和必要条件进行了阐述,这对农业产业集群的建设具有重要的启示意义。

是企业间在分工基础上形成专业化生产的前提。在此基础上,企业间可以建立长期有效的分工合作关系。第二,产品的可运输性。企业在不同地区间进行贸易,产品的可运输性是前提基础。随着运输成本的下降,贸易半径会增加,企业将更倾向于为获得集聚经济而在空间集中。

相对于产业集群研究①,对农业产业集群的相关研究还处于起步阶段,尚未形成为大家所公认的系统性成果。因此,在本章接下来的论述中,主要对产业集群的相关问题进行阐述,并从中归纳、发现农业产业集群的相关问题,以期能够为农业产业集群相关研究提供借鉴和参考。

3.2　产业集群的类型

如前所述,尽管还没有一个统一的产业集群概念,但从产业集群的组成来看,众多企业在地理空间上的相对集中,是产业集群最本质的属性之一。由于产业集群是由为数众多且功能和性质不同的企业在空间上集聚而成的,因此各产业集群都具有不同的特性。基于此,不同的产业集群能够吸纳的劳动力人数,以及给当地经济增长带来的潜力就相应地存在极大的差异。例如,某一个产业集群可能仅仅由一些专门从事生产同类产品(如服装、软垫家具或者汽车零部件等)的企业组成,也有可能是由众多垂直一体化企业(如制材厂、木制品、厨具制造业等)组成,或者由一些因为依赖于同样的专门化服务机构(如商业和金融服务、教育和培训服务、研发设施和机构等)、特殊技能的劳动力(如化学从业者、机械工程师等)等而产生相互联系的企业群组成。这些不同类型的产业集群,其内部企业间的联系方式和特征差别较大。此外,集群所在地区政府和各组织,对产业集群及其内部各企业的支持程度也存在着较大的差别。凡此种种,都使得不同类型的产业集群间存在着极大的差别。由此看来,我们可以认为,产业集群

---

①　事实上,目前对产业集群的研究远未达到成熟的阶段。由于研究视角的不同,即便是产业集群的概念,到目前为止都还没有形成一个让人们一致接受的定义。

的类型在某种程度上是一个不断变化的连续体,即从相互联系较少的同类企业的空间集合,到所谓的斯腾伯格(Sternberg)部门集群①。

由于不同的产业集群拥有不同的核心产业部门,加之集群规模大小存在着很大的差别,不同集群中企业间购销联系方式也不尽相同,其内部企业间相互的竞争与合作关系存在差异等原因,在某种程度上可以说每个产业集群都是唯一的,都具有其本身独特的性质。尽管如此,马库森(Markusen,1996)仍然基于各类产业集群所具有的共同特性,即依据产业集群内公司的构造、对外和对内的关系等内容,将产业集群分为四种类型,即马歇尔式集群(Marshallian Clusters)、轮轴式集群(Hub-and-Spoke Clusters)、卫星平台式集群(Satellite Platforms Clusters)以及国家主导型集群(State-Anchored Industry Clusters)②。

1.马歇尔式产业集群

马歇尔(1890)将产业区(即现代意义上的产业集群)定义为,在一个由历史与自然共同限定的区域内,中小企业相互积极作用,企业群与社会趋向融合。马歇尔认为,企业之所以愿意且能够在产业区内集聚,最根本的原因就在于为了获得外部规模经济,而外部规模经济往往能通过"因为许多性质相似的企业集中在特定的地方,即通常所说的工业地区分布"而获得③。进一步地,马歇尔认为产业区具有以下几个基本特征:与当地社区同源的价值观念系统和协同创新的环境,产品垂直联系的企业群,最优的人力资源配置,不完全竞争的市场,竞争与合作并存,富有特色的本地信用系统等。

需要指出的是,马歇尔重点强调了产业集群与地方社会之间不可分

---

① 所谓斯腾伯格部门集群,是指通过购销联系和信息交换而相互紧密联系的企业集群。这些具体的联系方式还包括:市场风险共担、业务分包、技术学习、产品研发和质量管理合作、地方教育和劳动力培训共同分担等。

② 当然,也有学者指出马库森分类法存在使用不相容的标准进行分类,即马歇尔式集群等前三类是按照产业集群内企业间的关系为标准进行划分的,而第四类即国家主导型产业集群则是以外部因素对产业集群形成的影响(即产业集群形成机制)这一标准进行划分的。

③ 马歇尔(1890)阐述了为什么集中在一起的厂商比单个孤立的厂商更有效率的三个主要原因:厂商集中能促进专业化供应商队伍的形成;厂商的地理集中分布有利于劳动力市场共享;厂商的地理集中有助于知识外溢。

割的关系，具有社会与地区有机结合的基本特征。正是集群所在地社会形成的社会规范和价值，对产业集群的创新和经济协调起着关键的作用：一方面，集群所在地社会的经济相互依赖性、社会的熟悉性和面对面的交流，能够形成共有知识与相互信任，从而有助于降低地方生产系统的交易成本，加快信息与知识的流动，减少企业破坏地方传统的行为发生，维持经济主体间竞争与合作的平衡；另一方面，整个集群所在地社会对公共项目的广泛参与，能够形成地方特定的"产业氛围"。该"产业氛围"包括基于自主、创新精神和地方归属感的生活道德伦理，自下而上创新的有规则流动，由于企业间劳动力流动而产生的模仿文化，以及在特定细分市场上吸引顾客和贸易伙伴的区域声誉等。它们作为区域特定的"公共物品"，有助于劳动技能，特别是意会知识和技能的形成与转移，促进创新、创新合作与创新扩散等。

Storper 和 Scott(1992)对美国的产业集群进行综合考察后认为，马歇尔式产业集群主要由集群所在地所属的众多中小规模企业组成。这种类型集群中的企业，通常都集中在手工业产业、设计密集型产业、高新技术产业、高级制造或者金融服务产业等领域，集群内企业间的交易大多集中在商业、专业化服务、劳动力市场以及组织发展等方面，这些交易服务于集群中单一的产品或者产业。企业间有意识地通过产业集群所构建的网络，交换有关市场、技术、研发和产品工艺等方面的各种有用信息。马库森(1994)指出，美国的橙郡、加州、硅谷等产业集群，都是典型的马歇尔式产业集群。

2.轮轴式产业集群

轮轴式产业集群是指由数量众多的中小企业，围绕着一个或几个核心企业而形成的产业集群。其中，核心部分是一个或者几个大型企业，其在整个产业集群中起着主导、支配的作用。核心企业的交易活动范围非常宽广，它除了在集群内部与配套企业进行交易外，还与集群外的竞争企业、顾客和供应商间保持着各种交易活动；而外围的众多中小企业要么为核心企业提供材料，要么购买核心企业的产品，或者依赖于核心企业的存在所带来的集群外部性而发展。按照马库森(1996)的观点，这种产业集群类型主要分布于制造业中,如底特律和西雅图的产业集群,就是典型的轮轴式产业集群。

马库森(1996)进一步指出,轮轴式产业集群本质上是一个产业链的上下游环节以互信和契约为基础而形成的网络组织。核心企业和外围众多中小企业之间,通常都会以协议条款的方式,建立密切的合作关系;而外围众多中小企业间的竞争更强,因此在风险分散、稳定市场以及共享创新等方面,它们明显地缺乏更多的合作。

3.卫星平台式产业集群

按照马库斯(1996)的观点,卫星平台式产业集群是指在基地外部由众多的工厂、企业的分厂而形成的集合,通常由跨国公司在东道国(或地区)设立的分支工厂集聚而成(往往在距离城市有一定距离的地方建立开发区的基础上发展而来)。

卫星平台式产业集群的核心部分——跨国公司的分支机构,都或多或少地自己独立经营,每个分支机构的经济实力都非常强,但这些分支机构相互间的贸易往来却往往很少。相应地,企业或者供应链等层面上出现因集群而产生正外部性的概率也非常低。马库森(1996)认为,由于卫星平台式产业集群缺乏区内联系或网络,企业间难以共担风险,集群内核心企业由于生产成本的上升,或者为了追求其他地区更多的利润而中途转移的可能性较大,因而会威胁集群所在地经济的持续增长①。

中国改革开放后,大量的外资以外商直接投资的形式进入广东等沿海地区,使得珠江三角洲等地区出现了专业化分工与协作的地方生产系统,形成了以镇(区)为基本单位的外商直接投资的空间集聚区。从投资集聚的类型看,这些地方生产系统就具有典型的卫星平台式产业集群的特征。随着内地开放程度的加大,以及内地劳动力成本的优势和地方政府招商引资优惠力度的加大,原先选择在沿海地区直接投资的外商开始

---

① 保罗·克鲁格曼(2002)指出,卫星平台式产业集群中的企业直接投资主要是资源寻求型,通常是以寻求东道国低廉的非技术性劳动力成本和土地成本为目的,而非接近本地市场,所以多投资于"松脚型工业"。一旦集群所在地生产要素价格上涨,就会使得这些追求资源型的投资转移区位,产生消除集聚的离心力。

大量地出现"北上西进"的趋势。所以,对于卫星平台式产业集群所在地而言,为了避免外商直接投资迁移后对本地产业的不利影响,集群所在地要充分利用平台设施所集合的资源,培植根植于本地的各部门,以增强区域的稳定性,保持集群对本区域的黏性。

4.国家主导型产业集群

国家主导型产业集群,主要是由国家的产业政策扶持而形成的产业集群。马库森(1996)对国家主导型产业集群的定义是:一些公共或者非盈利的实体,如军事设施、国防工厂、大学、政府部门办公机构等,在所在地的商业结构中占据核心地位,对地区发展起着支配作用,进而形成国家主导型产业集群。在国家主导型产业集群中,围绕在集群中核心部门外围的,是为其提供材料和服务的众多企业和部门。

由于国家主导型产业集群的经济关系主要取决于国家政策而非私营部门,因此支配机构、供应商和买方间的合约和承诺是短期的,地方私营部门间的合作程度也非常低。而支配机构与总部在区外的供应组织、外部企业之间,都有着密切的合作与联系。所以,相对于马歇尔式产业集群和轮轴式产业集群,国家主导型产业集群中本地企业对于产业集群形成和发展的重要性要小得多。

表3-1中对马库森产业集群分类,分别从集群内企业成员特性、集群内企业的独立性以及集群就业增长前景等方面,进行了比较分析。

表 3-1　马库森产业集群分类

集群类型	企业成员特性	集群内企业的独立性	就业增长前景
马歇尔式产业集群	本地拥有的中小企业	大量的企业间贸易和合作,强大的组织支持	依赖于企业间的系统性以及集群创造的经济
轮轴式产业集群	一个或者几个大型企业,外围是提供材料和服务的众多小企业群	大型企业和小企业间通过协议条款的形式进行合作	依赖于核心企业的增长前景

续表 3-1

集群类型	企业成员特性	集群内企业的独立性	就业增长前景
卫星平台式产业集群	中大型企业的分支机构或子企业	集群内企业间相互贸易和网络联系很少	依赖于地区诱致和保留分支机构的能力
国家主导型产业集群	大型公共或者非盈利实体,为其提供材料和服务的众多企业	公共实体和外围企业间的买卖交易受到限制	依赖于地区获得公共设施政策支持的能力

资料来源:MARKUSEN A.R. Sticky Places in Slippery Space: The Political Economy of Postwar Fast-Growth Regions, 1996.

很显然,将马库森分类法中的四种产业集群作为创造就业机会的战略,都能够为集群当地经济发展带来显著的成效。然而,与工商业产业集群不同,如果要在农村地区发展产业集群,并且实施鼓励农业产业集群发展计划,其收效却可能会因为产业集群类型的不同而产生很大的差异①。

事实证明,在美国的农村地区,发展轮轴式产业集群、卫星平台式产业集群、国家主导型产业集群等给集群地带来的经济效益,都远远地超过了培植马歇尔式产业集群。经验表明,马歇尔式产业集群主要集中在城市地区,其主要原因就在于马歇尔式产业集群的主要组成部分——众多中小型企业,需要在地理空间上更加接近于熟练劳动力、专业化服务、投入品和产品市场等要素条件。而这些要素条件在农村地区相对缺乏,这就使得农村地区在发展马歇尔式产业集群方面处于竞争上的劣势地位(David Barkley 等,1997)。

因此,我们认为四种类型的产业集群所具有的不同特性,决定了在产

---

① 事实上,David Barkley 等通过对美国产业集群的实证检验发现,不仅不同类型的产业集群对城市和农村地区产生的经济效益有很大的区别,即便是同类型的产业集群,在城市和农村地区的经济效益也会有很大的差别。调查发现,在美国农村地区的企业空间基尼系数值要比城市的高,这就意味着相对于城市集群企业,农村集群企业从产业集群中获取利润更加重要。例如,集群能够使得农业企业克服农村地区较高的市场和生产成本,而这些成本是由于农村地区较小的本地市场、较高的交通运输成本、有限的专业化服务以及较低的熟练劳动力可获得性等原因造成的。

业集群发展的过程中要因地制宜,根据集群所在区域不同的要素禀赋条件而采取不同的集群发展策略。发展马歇尔式产业集群的地区,其策略应该聚焦于提升企业发展活力、加快小企业发展和促进集群内企业间的合作等方面;卫星平台式产业集群地区的就业增长策略,主要取决于集群所在地对潜在的可能进入该地的新企业分支机构的诱致程度;对于轮轴式产业集群发展的地区,其努力的方向主要集中在继续保留并扩大地区核心企业,以及鼓励本地众多为核心企业提供服务的中小企业,强化它们与核心企业的后向关联;最后,国家主导型产业集群的发展,主要依赖于地区为核心公共实体机构提供资金的强度,以及地区获得政策性支持的能力。

综合起来看,由于产业集群中核心机构部门和企业间相互依赖程度的不同,以及政府部门和相关机构支持的可获得性等方面存在着较大的差异,不同类型的产业集群间集群效应有着很大的差别。也就是说,产业集群特性的不同影响其创造就业机会和赢利的能力,同时也决定了集群所在地选择合适的产业集群发展策略。从这个意义上说,如果没有产业集群特征的详细信息,对产业集群发展的成本与收益进行精确的评价是不可能的。但是,我们可以通过比较某一个产业集群战略潜在的优势与劣势,来考察其合意性和得体性。

3.3 产业集群发展战略的优势和缺陷

如前所述,对于能否将产业集群作为地区经济发展,尤其是作为落后农村地区农业经济发展的战略选择,在理论层面和实践中都还存在较大的争论。因此,在本节中,我们将对产业集群发展战略的优势和缺陷进行简要的梳理。

3.3.1 优势

相对于在空间进行分散布局的其他产业发展方式,产业集群战略无论是给集群所在地,还是给集群内的企业,都能够带来更大的利润,或者吸纳更多劳动力就业。正是基于这些理念,当前世界各国都将产业集群发展战略作为发展农村经济的重要选择。总结现有的文献和实践经验,产业集群战略的优点可以归纳为如下四个方面:

首先,产业集群能够产生地方化经济,即为集群内的企业在生产和市场销售等诸多环节节省成本。

其次,产业集群给集群内的企业创造提升专业化生产水平的机会,使企业能够专注于较少的市场活动,并且能够使企业以更低的成本来采用新的生产技术,以及进行产业组织创新。也就是说,产业集群能够加速集群内企业生产活动的重构。

再次,产业集群能够使集群内企业间的相互联系、合作更加便捷,即产业集群能够激发企业间资本、社会、技术等方面向网络化方向发展。

最后,产业集群赋予集群所在地根据其对特定产业的需求,集中发展与之相关的项目的特权。

1.强化地方化经济

产业(或企业)集中于某些特定的地理空间,可以在很大程度上节约企业的成本,从而能够给集群内企业带来更大的经济收益。这种外部化于单个企业而内部化于产业集群的经济,被我们称之为地方化经济。使产业集群内的企业节约成本的原因,主要包括如下几个方面:

第一,集群内企业所需的各种特殊的中间投入品和商业服务,会伴随着企业集聚而使可获得性大为提升。

第二,产业在空间的集聚,使得劳动力更加熟练和专业,并且集群内的企业可以共享劳动力市场。

第三,集群内企业在能源和水、电等要素的获取,生产和生活废弃物的处理,交通运输等公共基础设施投资建设等方面,能够更好地与集群所在地特定的产业部门的需求相契合。

第四,提供配套服务的金融机构等服务部门,对产品的市场和生产过程更加熟悉,进而能够提供更为优质、高效的服务。

第五,极大地提高了集群内企业间在有关市场、项目研发、生产工艺水平等方面信息共享的程度,从而节约了企业的信息搜集成本。

除此之外,集群内某些企业的投资行为,或者企业的发展还可以给集群内的其他企业带来更多的利润,其传导机制主要是:通过提供高质量或者低成本的投入品,吸引新的消费者进入集群所在地,鼓励政府通过对基础设施进行投资等方式,产生产业的市场关联,从而给整个产业集群所在地区的商业活动带来正的外部效应(Harrison,1992)①。

区域经济学模型表明,本地化经济能够促使产业活动集中于空间的少数地区,从而形成产业集群,激发附加的本地化优势。而本地化优势的加强,反过来又进一步激励产业集群的发展壮大(Romer,1986)。在区域经济增长和发展的过程中,产业的空间集中扮演着越来越重要的角色,这一结论已经为世界范围内大量的实例所证实。Henderson(1986)、Ciccone及Hall(1996)等学者对美国各州(包括城镇区域和农村地区)的经济数据进行比较分析后发现,在某一地区随着产业集群的发展,集群地区就业人数会增加,单位劳动的产出效率将有所提高,工人的工资水平也得到了很大的提升。同时,相关实证文献还表明,产业集群能够提升集群内企业间技术和信息的扩散速度,并且能够增加劳动力培训的机会(Audretsch和Feldman,2003;梁琦,2004)②。

这样看来,相似或者具有较强关联性的企业在空间的相对集中,能够给集群内企业带来利润的增加,而这些利润的获得(即本地化经济)又将反过来进一步增大企业和集群所在区域增长的潜力③。美国密西西比州

---

① Harrison 在这里所强调的外部效应,其实质是指产业集群所导致的金融外部性,即产业的市场关联,它通过价格机制降低集群内企业的成本。

② Jaffe 等(1993)发现,知识外溢具有地方性,专利总是尽可能地引用来自同一地区的先前的专利,知识跨国外溢稍后才能发生。学者已经达成共识,知识和技术的传播与溢出确实受到地理空间的限制,知识溢出对产业集群的强化作用恰好表现在它的地方性特征上。当然,这并不意味着技术和知识的溢出越多就越能促进产业集群。Gersbach 和 Schmutzler(2000)的研究证实,外部溢出越大不一定会导致产业集群发生的可能性就越大。

③ 但有文献研究表明,本地化效应的重要性是有限制的,其重要性随着产业集群类型的不同而存在很大的变化,同时,随着城市规模的扩大,其效应会不断变小(Henderson,1986)。进一步地,有学者认为在区域产业发展过程中,本地化经济所扮演的角色是被动或者支持性的,而不是积极或者创造性的(O'h Uallachain 和 Satterthwaite,1992)。正因为如此,当采用本地化经济对产业集群增长进行解释时,这些外部经济对于集群为何存在的最根本原因的解释就极其有限了。

三角洲鲶鱼产业集群的发展,就是这种正反馈机制的一个很好的案例。该产业集群由众多与鲶鱼产业发展相关的企业所组成,这些企业的活动包括为鲶鱼产品和商业活动提供服务,设计养殖、加工、配送、市场销售等各个环节。

2.促进产业结构组织重构

大量文献研究表明,随着国际化程度的加深,从事大批量标准化产品生产的传统大型纵向一体化企业已经开始转向,而专注于特定的、分批生产的小规模纵向分离的企业开始大量出现。这种产业组织结构调整的原因在于当前一系列变化的共同作用:经济全球化背景下不断增加的竞争压力,促使众多大型企业剥离非核心经济活动,而专注于企业最核心的专业化领域;机器人技术,计算机辅助设计、加工、分类及操作等新生产技术的出现,以及柔性生产加工等生产组织的创新,都极大地提升了中小规模企业的竞争力;企业可以通过实行业务外包等方式,实现减少企业劳动力数量从而降低劳动力成本的目标;相对于通过垂直一体化而获得规模经济的大型企业,众多的独立中小型企业可以通过提供专业化生产或者服务的方式,来获得规模经济,而这种方式在某种程度上比垂直一体化形式更加有效。

实践证明,众多企业通过实行垂直一体化分离,采用更加柔性化的组织形式和生产技术等,其经营业绩相应地更为突出,而且产业集群使得这些中小型企业能够更加容易地取得良好的经营业绩(Holmes,1995)。通过产业集群,企业间在空间距离上更加接近,而在空间上相互接近的专业化企业,能够更容易地通过生产体系(这种生产体系,主要是由集群内的投入供应商和产品市场所形成),来促进商品要素的流动。尤其值得注意的是,集群内空间相互接近的企业可以采用准时生产存货制来替代传统的生产过程,从而能够大大地节约企业成本(Smith 和 Florida,1994)。进一步地,对于准备进入某一领域的企业而言,进入生产或投入市场的提前准备对其生存至关重要,因为这种提前准备可以缩短产品生产的周期,使企业能够更快地适应市场的变化。而产业活动在空间上的集聚(即产业集群),能够更方便地通过计算机辅助技术和柔性加工业组织等,为企业提供充足的熟练劳动力储备(Rauch,1993)。

正因为如此,Scott(1986)指出,产业组织垂直一体化的分离促进产业集群的形成和壮大,而产业集群中企业所具备的成本节约、劳动力储备、柔性化生产方式等特质,又反过来进一步刺激产业组织垂直一体化分离程度的加深。也就是说,产业集群对于产业组织的重构产生了重大的推动作用,产业集群越大,对众多着眼于小批量生产的中小型垂直一体化分离企业的吸引力就越强,同时也加速了大型垂直一体化企业的纵向分离。

3.激发企业间网络的形成

网络效应所产生的金融外部性和技术外部性,可以极大地降低企业的成本,提高劳动生产率等。企业间建立关系网络是一种相互合作,这种合作关系能够给企业间带来很多优势,如企业间利益互补、开发新的市场、一体化行为、共享资源、解决企业共同面对的问题等(Rosenfeld,1995)。

Rosenfeld(1992)指出,当网络联结能提供相似的专业化服务或其联结的企业具有相似技术时,这种网络被称为水平化网络;而当网络联结的企业分属于产业价值链上具有不同功能的企业时,这种网络就是垂直化网络。在水平化网络中,企业间的行为安排主要包括引导研发和产品发掘、分担专业化服务和设备的成本、收集市场信息、开发市场等。而在垂直化网络中,企业间的行为主要有:共享消费市场中的信息和专业化知识;在产品设计、加工和市场销售方面进行合作等。产业集群的发展,能够促进企业间形成水平化网络和垂直化网络,从而使集群内众多中小型企业获得规模经济效益,并且使它们获得通常只有大型企业才能拥有的信息和市场。

4.促使公共资源集中

Carlson 和 Mattoon(1994)指出,通过产业集群战略的方式来推进产业发展,使地区可以更高效地配置有限的经济资源。

首先,产业集群使得集群所在地有产业诱致、发展小企业等多种方式可以选择,而不再是单一地采用传统的方式,对本地已经存在的商业开发项目进行资助。这样,在给定预算支出的前提下,地区可以根据产业集群的特性对进入企业进行识别,从而实现以较低成本引进更高效企业的目标。此外,产业集群产生的本地化经济能够给进入企业带来利润,从而对企业产生巨大吸引力,这就减少了地区为吸引企业进入而增加的额外财政支出。

其次,在产业集群中,由于企业间的相互关联,为企业提供特殊支持性服务的项目,为地区经济发展所带来的乘数效应,要远远大于没有实行产业集群的地区。同样地,和规模相同的非产业集群中的企业相比,处于产业集群中的企业所吸纳的就业人数要多,利润要高。

再次,Gills 和 Shaffer(1987)认为,集群所在地可以根据本地劳动力市场中大多数劳动者的技能、受教育程度及职业状况等特性,选择与本地劳动力市场相匹配的产业项目,作为产业集群的发展方向,以此带动本地的就业。采用这种基于产业定位和劳动力市场特征的"十字交叉"法,在产业发展过程中,集群所在地可以根据本地劳动力资源的优势,选择最适合本地经济发展的产业,并据此制定整体上与本地劳动力市场相一致的产业集群发展战略(Thomson,1993)。

最后,Mair(1993)通过研究发现,在空间布局上与随机的各个企业的分公司相比较,通过产业集群而集聚的企业,具有更强的融入集群所在地经济和文化的愿望。对于集群内的企业而言,它们通过根植于本地经济,与当地融合得更加明显,而这种融合使得集群内企业对当地的各种事务更感兴趣,并且愿意积极地参与其中。

随着产业集群越来越受到重视,很多国家和地区都已经意识到通过发展产业集群,能极大地促进当地经济的发展。正因为如此,更多国家和地区都对其关键产业和部门实行产业集群的发展战略。事实上,这些通过集群发展的产业或部门,已经(或即将)给当地经济带来巨大的收益,如就业率增长、高薪资、新技术、众多新衍生企业等。

3.3.2 缺陷

产业集群所带来的潜在的巨大利润,使很多地区都跃跃欲试,纷纷将发展产业集群作为地区产业发展的目标。但需要注意的是,相对于城市地区,产业集群战略本身所具有的一些特性,决定了其在许多农村地区成功的概率较小。在农村地区,难以建立切实可行的产业集群的原因主要有两点:

第一,很多农村地区难以选择与当地社会、经济发展相适应的产业集群类型,同时,也很难鉴别企业对加入该地区产业集群的意愿,从而难以选择适合本地集群发展的企业。

第二,相对于先发产业集群而言,后发产业集群无法与前者进行竞争,天然地处于竞争劣势地位。

1.难以选择合适的产业集群类型

Rosenfeld(1992)指出,对于广大的农村地区而言,产业集群应该作为其产业发展的首要选择目标。而这种选择的前提假设是:能够根据本地劳动力市场特点、资源禀赋特性、公共(和私人)基础设施的质量和可获得性、投入和产品市场的接近性等特点,判断建立何种类型的产业集群,才能够发挥本地的竞争优势。而一旦本地产业集群建立了竞争优势,该地区产业发展接下来的努力方向,便是选择能够与本地社会、经济发生紧密关联的企业,并且积极为这些企业提供必要的基础设施和专业化服务,以确保其在产业集群中实现可持续发展(Carlson 和 Mattoon,1994)。因此,对于发展产业集群的农村地区来说,制定成功的产业集群战略并对集群内的企业进行培育,需要对本地区的历史文化、传统习俗以及经济发展过程等有着全方位的深刻认识(Isserman 和 Rosenfeld,1995)。

正是由于建立成功的产业集群,不仅需要政策制定者的智慧,还需要完备的各类信息。因此,地方政府官员和顾问是否具备识别本地竞争优势的能力,或者能否为本地产业集群选择成功的企业和合适的产业,以及能否制定有助于特殊部门发展的计划等问题,都值得怀疑。而且,为了应对新技术、消费者偏好和制度环境的变化,地区竞争优势也会随着时间的推移而不断改变,这就对地方政府制定决策造成了更大的困难。

通过进一步分析发现,由于路径依赖效应,地区竞争优势可能更多地来自过去定位于本地的产业模式,而不是当前本地资源的可获得性。如果真的如此,我们可以据此得出一个浅显的结论,即地区之所以在某个产业发展中具有竞争优势,仅因为该地区已经在从事这个产业的生产而已。事实上,如果对地区竞争优势进行更深入的分析,会发现我们往往没有深刻理解该产业之所以在该地区发展的背景条件。或者说,这些产业集群形成的初始原因,或许只是因为一些微不足道的历史活动(克鲁格曼,1991),或者是一些偶然事件(Rosenfeld,1995)。例如,克鲁格曼经常提及的有关乔治亚州道尔顿地毯产业集群兴起的例子,就能说明这一点。

此外,由于地区产业增长前景的不可预知性,因此对产业集群目标进行选择就更加困难重重。为了应对市场结构变化和产品生命周期演进等,产业的增长前景也要相应地进行调整。鉴于此,Courant(1995)认为,在此背景下要选择适合本地区发展的产业集群模式,以及挑选适应这种集群模式的企业,将非常困难,甚至不可能完成。就连极力鼓吹发展农村产业集群战略的美国学者 Rosenfeld(1995)也不得不承认,对于地方政策的制定者而言,想要具备产业集群的必要知识和理解其演进机制,几乎是不可能的①。

2.后发集群在竞争中处于劣势地位

众多的研究表明,先行发展产业集群的地区可以更容易地获得收益,从而形成地区竞争优势,而对于后发建立集群的地区来说,相对地就处于劣势地位(Scott,1993;Rauch,1993)。

先行发展产业集群的地区具备地方化经济、专业化基础设施建设的投资、政策支持等有利条件,后发集群及较小规模的产业集群地区很难与之相比。同时,要保持产业集群的健康可持续发展,就必须建立良好的根植于本地企业间的社会化网络,并且通过制定可行的措施以更好地提升产业集群的实力,而这些对于后发产业集群而言都很难做到。Harrison

---

① Rosenfeld(1995)指出,通过对地区经济和本地企业的深入分析,可以获得识别是否适合本地产业集群的相关信息。在其论著中,作者花费较大的篇幅论述了社区可以获得的信息类型,通过收集和分析这些信息,可以识别适合本地的产业集群类型。这些论述,提供了很多精彩且有用的方法。但问题在于,很少有农村地区有时间、耐心、资金或者专业技术,去做如此细致而复杂的信息收集和分析工作。当然,来自地方高校或者政府的合作机构的帮助,可以在一定程度上缓解这种限制。

(1992)认为,产业集群要具有生命力,就必须增强集群内企业间的信任,而企业间相互信任的建立,主要来自企业间长期的业务合作,如产品分包、企业重组、非正式交易决策及共享支持服务等。也就是说,要产生互信,企业间就必须进行长时间的交流,而对于后发集群或者较小规模的产业集群而言,由于时间较短,加之企业间开展的业务有限,企业间会因为交流有限而难以建立广泛的信任关系。

一个很自然的问题是,既然在产业集群的建设中,先行集群具有先天的竞争优势,那么,后发集群能赶上甚至超越具有先天优势的先行集群吗?区域经济学者给出了肯定的答案,但这种赶超只有在特定的环境条件下才能实现。如 Krugman(2004)就曾指出,在两个集群发展初始条件相差不大,劳动力和企业可以在空间上快速流动,以及后发集群能够较早地认识到报酬递增的重要性等诸多条件都同时能够满足时,后发集群才能够和先行者进行竞争,并有可能战而胜之。

3.4 农业产业集群的影响因素

相对于工商业产业集群来说,由于面临来自自然和市场的双重风险,农业产业集群受到的影响因素更加复杂。接下来,主要从要素禀赋、外部性、规模经济、市场需求、根植性以及偶然因素等六个方面,对农业产业集群的影响因素及影响机制进行简要的分析。

1.要素禀赋

新经济地理学派认为,人类的生产行为总是趋向于集中在某一个地方,而地理位置和历史优势是集聚的起始条件。尽管随着交通运输、通信技术的发展,传统的要素禀赋在产业集群中的重要性有所下降,但不可否认的是,包括自然资源、地理位置、气候条件等在内的要素禀赋条件,仍然是决定产业区位的主要因素。要素禀赋在产业集群的形成和发展过程中,起着基础性的作用。

农业不同于工商业,包含地域、气候、土壤、水源等在内的先天要素禀赋因素,对农产品的类型、产量、品质、成本等影响很大,也直接决定着农业产业集群的形成和发展状况,是农业产业集群形成的必要条件和物质基础①。农业产业集群是在地区要素禀赋的基础上,在动力机制的作用下逐步演进而形成的,因此,地区所具备的要素禀赋是农业产业集群形成和发展的物质基础。

2.外部性

马歇尔(1890)很早就意识到,产业集群的形成,在很大程度上是得益于集群所产生的外部性。马歇尔指出,集群是源于中间投入品的多样性、巨大的地方劳动力市场和知识外溢,实际强调的是金融外部性与技术外部性对经济活动空间集聚的共同影响②。而随着相关研究的不断深入,外部性与产业集群的关系,已经成为空间经济学的一个前沿问题③。产业集群从本质上讲,是向心力和离心力相互作用的过程,其中向心力源自正的外部性,而离心力则源自负的外部性。

随着农业产业化程度的日益加深,农产品价值链不断延伸,企业间分工越来越细,使得市场交易日益增加,而农产品市场交易费用的增加表现为明显增加的空间成本。因此,在地理位置上相互接近的企业间,在运输方面更加便捷,信息交流更加及时,从而比空间布局分散的企业具有更低的交易成本。此外,借助于地缘的优势和乡情关系,在空间上相互接近的企业之间的信任程度,要远远超过空间相距较远的企业间,而信任程度的强弱不仅直接影响到企业之间契约履行的保障程度,还会影响到市场的确定性程度。由此看来,外部性是影响农业产业集群得以形成和发展的

---

① 徐强(2004)将要素资源对农业产业集群的影响归为三个方面:要素资源在一定程度上促进或制约了本地某个产业发展的可能;要素资源可以成为引发产业集群的一个决定性诱因;要素资源是造成本地某些历史传统产业形成的基础,由此所积淀或传承下来的工艺和区域品牌优势在新的制度环境下出现复兴和发扬光大。

② 所谓金融外部性,是指产业的市场关联,通过价格机制降低企业的成本;而技术外部性(知识外部性)则是基于知识外溢和技术扩散的关联,通过直接影响企业生产函数的过程得以实现。

③ 关于外部性和产业集群的重要性,梁琦(2004)更是指出:"凡是不能用自然禀赋来解释的产业集群,就是所谓的外部性所致。"

重要因素。

3.规模经济

马歇尔(1890)对规模经济进行了划分,将规模经济划分为内部规模经济和外部规模经济。其中,内部规模经济是指随着企业自身内部规模的扩大,企业成本会降低而效率会提高;而外部规模经济则可能源于知识溢出、产业联系、劳动力市场共享和基础设施建设等。外部规模经济依据其作用范围的大小,又可以分为地方化经济和城市化经济。

规模经济是影响农业产业集群发展的一个重要的内生性变量,由于规模经济效益的存在,包括要素和产品在内的大规模专业市场,对于要素供给者和产品需求者,都会带来收益①。因此,规模经济对具有地方专业化生产及经济活动空间集聚特征的农业产业集群的形成和发展具有决定性的影响。

4.市场需求

市场需求是现代生产和再生产的最本质动力,根据市场消费需求组织生产,是企业维持自身生存和发展的基础。本地市场效应理论认为,企业会选择定位于有大量市场需求的地区。本地市场效应是产业集群演进中向心力的主要来源,地区的市场越大则企业越会选择进入,而企业的进入又进一步扩大了地区市场需求,从而促进了产业集群的发展(Krugman,1980)。

随着收入水平的不断提高,消费者对农产品的需求结构更趋向复杂化。这就使得农业产业链的增值环节增加,农产品从生产、加工、运输到销售各环节很难由同一家企业完成;同时,农产品生产过程中各环节的相互关联性加强。因此,农业企业要想降低交易成本,获得企业内部规模经济效益,就必须将企业外部市场交易内部化。因此,大量的相关企业和关联支持机构都会选择以产业集群的形式,在空间上相互接近,形成产业间

---

① 如在劳动力市场上,大规模和多样化相关人才的需求,为专业化人才的规模化供应和培训提供了可能,从而实现了人力资本投资和供给的规模经济效益;再比如公共基础设施的规模集约化建造和使用带来的成本节约、原材料集中供应带来的库存费用和运输成本的节约等(周新德,2008)。

分工协作的系统,以应对日益复杂的市场需求(王锦旺等,2008)。

5.根植性

经济活动的社会和制度根植性,是经济社会学的概念,它是指经济行为深深嵌入社会关系之中,地方的规则、制度和传统风俗习惯等是支持生产企业和机构在空间集中的关键性因素(Stoper,1992)。产业集群的根植性,一般可以分为认知根植性、组织根植性、社会根植性、制度根植性和地理根植性等。

从农业产业集群的发展和演化来看,根植性与农业产业集群的演进之间存在着密切的关系。根植性是影响农业产业集群生产体系地理集中的关键因素。相比于工商业产业集群,农业产业集群的根植性特征更加明显,也更容易形成稳固的集合关系。如在地理根植性中,地理集中是农业产业集群的主要特征之一,农业企业在选址时,首先考虑的就是资源要素的供应是否充足便捷,因此资源的稀缺性必然使得农业企业选择生产资料丰富的地区(周新德,2008)。

6.偶然因素

Krugman(1991)在探讨产业集群的形成因素时,非常强调历史上的偶然性因素对经济地理形态的影响,认为有些产业集群形成的初始原因,只是因为一些微不足道的历史偶然事件。最初的产业集群得益于一种历史的偶然,而这种偶然使得初始的优势因为"路径依赖"而被放大,从而产生了锁定效应。

在农业产业集群的形成过程中,很多集群产业的导入是在当地既没有自然资源禀赋和传统产业基础,又没有专业市场的条件下发生的,而这些产业往往是由于偶然因素触发而成。但需要指出的是,并非所有导入的产业最后都能在该地区形成产业集群。一个地区导入一个最终发展成为集群的新产业,是本地创业者进行反复产业尝试的结果。在这一过程中,得到消费者的认可,并受到本地其他创业者的模仿和追随,具有竞争力的产业才能够继续发展,并最终形成产业集群。而更多的导入产业,最终会因为得不到消费者的认可而不能形成产业集群。

3.5 发展农业产业集群的政策启示

如前所述,现有的对农业产业集群进行研究的文献内容,大多出自产业集群(主要是研究工商业产业集群),因此,在本节中,通过对产业集群一般理论的梳理,我们试图从中发现一些对农业产业集群发展有益的政策建议。

通过文献梳理,可以发现:产业集群能够提升产业集群所在地的外部经济实力,促进集群间的网络协同效应及强化乘数效应等。正因为如此,广大农村地区可以通过大力发展产业集群,来振兴地区经济。但与此同时,对于原来没有产业集群的落后地区而言,发展产业集群会面临很多的困难,如地区难以选择适合本地发展的集群类型、相对于先发集群的天然劣势、体制和政策限制等。

因此,对于农村地区而言,从政策层面上考虑是否应该发展产业集群,关键就在于将发展产业集群可能花费的成本与一旦发展产业集群成功后地区可能获得的收益之间进行比较。基于这种潜在成本和收益的权衡,对大多数农村地区是否选择发展产业集群,我们可以提出如下三种政策建议:

第一,对于那些已经发展产业集群的农村地区来说,继续发现和开发新的项目计划,以扩大和加强现有的产业集群,是这些地区最合适的战略选择。对于这类地区的发展战略,Rosenfeld(1992,1995)推荐了三个积极项目计划。

首先,由具有权威性的公众人物发起,或者由财政支持,地区相关机构可以建立一个专门的产业组织。该产业组织的核心任务是帮助集群内的企业构建企业的共同愿景,识别共同的兴趣,以及追求企业新的发展机遇,等等。

其次,地区可以设立经纪人和中介服务机构,这些机构要能够帮助集群内的企业发现企业最需要的东西,以及在哪里可以找到这些东西。这些机构应提供的服务项目包括分析市场和技术的变化趋势,鼓励集群内的企业在市场、销售以及购买投入品等众多方面进行全方位的合作与协商,识别企业间的共同兴趣,制定应用研究、劳动力培训和商业支持计划,等等。

最后,地区相关机构可以设立一个政府补贴中心,这个中心的工作是为特殊产业集群项目服务。其服务项目主要包括:技术和管理艺术方面的培训,集群内企业共同需要的相关研究,信息的获取,等等。

第二,对于那些已经建立了较小规模的产业集群的农村地区来说,如果成本不是太大,它们往往会制定提升产业集群规模的策略。相比于较大规模的、已经发展成熟的产业集群而言,较小规模的产业集群在竞争中会处于劣势。已经发展成熟的产业集群通常可以给集群内企业带来更大的潜在利润,因为在这些产业集群中,企业在空间上更加接近原材料供应商,能够更加便利地获取专业化的劳动力和商业服务,以及政府所提供的基础设施建设投资和政策支持。因此,为了与拥有大规模产业集群的地区进行竞争,拥有较小规模产业集群的地区可以采用如下政策措施,如通过提供财政上的支持,吸引有良好发展前途的企业进入本地区,继续加大专业化的基础设施建设,补贴劳动力培训项目等。

当然,这些项目实施的成本可能会较小,也可能会很大。这主要取决于产业集群中行业的属性、地区本身的特征,以及先行产业集群地区中企业的获利情况等。正因为如此,为扭转在与先行产业集群地区竞争中的不利局面,后发集群地区实施策略所需成本的评估十分困难,必须具体问题具体分析。

第三,对于没有明显产业集群(或者有,但是属于衰退产业的集群)的农村地区来说,最有可能无法成功地发展产业集群。在这种情况下,Courant(1995)建议当地政府可以集中做好两件事:一是提高当地公共服务的效率,二是提高本地劳动力质量。通过这些努力,结合本地区一些较小规模的商业发展项目,来为地区营造潜在的可能发展产业集群的制度环境和要素环境。一旦出现了可能激发产业集群形成和发展的偶然因素或者历史机遇，则这些地区良好的产业集群环境，就为培育新的产业集群创造了可能。

综上所述，如同早期的农业产业化发展战略一样，我们认为，并不是所有的农村地区，都适合通过发展产业集群来推进地区的产业发展，进而推进农村地区经济发展和增加农民收入。在实际发展过程中，广大农村地区要根据本地的资源禀赋、历史传统、产业基础、外部环境等众多因素，综合考察，制定切实可行的本地产业发展战略。

3.6 本章小结

在本章中，我们通过对现有文献的梳理，从理论上对农业产业集群能否作为广大农村地区经济发展的实现途径进行了探索。全章共分为五个部分，各部分间具有层层递进的逻辑关系。在第 3.1 节中，对农业产业集群的内涵进行了概括；在第 3.2 节中，结合国际经验，从农业产业集群内涵的视角，对产业集群的类型进行了划分和总结；第 3.3 节就发展农业产业集群策略，对产业集群给农村地区带来的收益和可能产生的弊端进行了剖析；接下来，在第 3.4 节中，对影响农业产业集群的六个主要因素进行了深入分析；最后，是发展农业产业集群对我国农村地区经济和社会发展的政策启示。

对于农业产业集群概念的界定，现有文献更多的是将农业产业集群与食品加工集群，以及农业企业集群结合在一起，从两个视角展开：一种是农业产业集群活动的视角，另一种是产业集群要素的组成的视角。其内涵主要集中在三个方面：农业产业集群是以农业或者与农业有关联的企业为基本单位；农业产业集群具有空间地域的集聚特性；农业产业集群是集群内部成员柔性结合的有机整体。进一步地，论述了发展农业产业集群战略的充分条件是：较长的产品价值链；企业间的产品具有多样化和差异化的特征，且拥有互补性较强的竞争环境；技术创新的网络性和知识的缄默性;市场的多变性和柔性化的生产方式等。必要条件则有两个:一个是产品生产过程的可分性,另一个是产品的可运输性。在第3.2节中,按照马库森的分类方法,产业集群可以被分为马歇尔式产业集群、轮轴式产业集群、卫星平台式产业集群及国家主导型产业集群四类。四种类型所具有的不同特性,决定了在产业集群发展的过程中要因地制宜,根据集群所在农村区域不同的要素禀赋条件,而采取不同的集群发展战略。马歇尔式产业集群的策略,应该聚焦于增强企业发展活力、加快小企业发展和促进集群内企业间的合作等方面;卫星平台式产业集群地区的就业增长策略,取决于集群所在地对潜在的新企业分支机构的诱致程度;轮轴式产业集群发展的地区,努力的方向主要集中在继续保留并扩大地区核心企业,以及鼓励本地众多为核心企业提供服务的中小企业,强化它们与核心企业的后向关联;国家主导型产业集群的发展,主要依赖于地区为核心公共实体机构所提供资金的数量,以及地区获得政策性支持的能力。在第3.3节中,现有文献把农业产业集群战略的优势归纳为四点:强化地方化经济;促进产业结构组织重构;激发企业间网络的形成;促进公共资源更加集中等。而农村落后地区发展产业集群战略的缺陷则表现在两方面,即难以选择合适的产业集群类型,以及与先发产业集群相比,后发产业集群处于劣势。在第3.4节中,对农业产业集群的影响因素进行了概括,自然和市场的双重风险,使得农业产业集群所受影响因素更加复杂,这一节主要分析了六个方面的原因,即要素禀赋、外部性、规模经济、市场需求、根植性以及偶然因素等。第3.5节是发展农业产业集群的政策启示,分别对已经发展产业集群的地区、已经建立了较小规模的产业集群的地区,以及没有发展产业集群的地区,提出了相应的发展产业集群的政策建议。对是否能够将农业产业集群作为发展农村经济的战略,给出的综合建议是:并不是所有的农村地区,都适合通过发展产业集群来促进地区的产业发展,进而推动农村地区经济发展和提高农民收入水平。在实际发展过程中,广大农村地区要根据本地的资源禀赋、历史传统、产业基础、外部环境等众多因素,综合考察,制定切实可行的本地产业发展战略。

4 农业产业集群发展的国际经验

作为农村地区经济和社会发展的主要方式之一,农业产业集群在发达国家的实践中积累了大量的可借鉴的规律和经验。农业产业集群是合理布局农业生产、转变农业生产方式、提高农产品竞争力的主要手段,是现代农业发展的标志,也是农业集约化发展的要求,对农业现代化建设具有非常重要的意义。正因为如此,无论是美国、荷兰、法国、日本等农业发达国家,还是印度、泰国等发展中国家,都将农业产业集群作为农业发展的重要举措。

在本章中,我们将对荷兰、美国以及印度等三个国家的农业产业集群的发展进行简要的介绍和总结,以期对我国农业产业集群的发展提供有益的参考。

全球化发展的悖论是高竞争力的产业呈现地方化趋势,形成有竞争力的产业集群。农业作为传统产业,同样存在产业集群现象,一些农业发达国家的农业产业集群造就了其农业强大的竞争优势。美国、荷兰、日本等农业发达国家的农业产业集群发展积累了大量的经验,印度、泰国等发展中国家大力发展农业产业集群的战略,也为落后地区的农业经济发展提供了宝贵的借鉴。因此,总结和借鉴国外农业产业集群发展的基本规律和先进经验,通过大力发展农业产业集群来推进农村地区经济发展,具有重要的现实意义。

本章将对荷兰花卉产业集群、美国加州葡萄酒产业集群、印度东北部甘蔗和竹编织产业集群进行简要的介绍,在此基础上,对国际农业产业集群发展的基本规律进行总结,并提出我国发展农业产业集群的对策和建议。

4.1　荷兰花卉产业集群

荷兰是世界上第三大农产品出口国,仅次于美国和法国,其蔬菜、花卉的出口量雄居世界之首,在世界农产品市场上占有十分重要的地位。荷兰的农业土地总面积和人均面积都远远落后于美国、法国等国家,却造就了农业生产的多项世界第一,如农业出口率世界第一,农业的土地生产率世界第一,农业设施中玻璃温室面积占世界温室总面积的四分之一、位列世界第一等。

经考察发现,荷兰现代农业之所以能够取得如此骄人的成就,与该国在花卉、蔬菜等领域大力发展农业产业集群战略是密不可分的。

4.1.1　花卉产业集群现状

荷兰具有花卉生产良好的要素条件,平坦的地势、肥沃的土壤、适宜的气候、充足的水源、发达的内河水网体系等,都为其发展农业产业集群提供了基本的要素保障。荷兰花卉种植和生产地主要集中在其西部地区,受临近海洋以及北大西洋湾流的影响,温带海洋性气候明显,气候温湿,温差小,非常适宜花卉的栽培。

作为世界最大花卉出口国,荷兰花卉产业经过数百年的发展,已经形成了集科研、种植、销售于一体的完整的产业体系。在科研方面,荷兰类型众多的花卉科研机构为花卉业的发展提供了广泛的智力支持。这些机构主要从事花卉遗传、生理生化、育种、栽培技术、资源引进和开发等方面的应用型研究和科研工作。除了球茎花卉主要是通过普通贸易形式流通外,荷兰大部分花卉市场的流通主要是借助于拍卖的方式来完成。花卉种植者以会员的形式加入拍卖市场。按照规定,会员种植的花卉必须通过拍卖市场销售,荷兰最大的鲜花拍卖市场 FLora Holland 就拥有 4900 多名会员,年销售额达到近 50 亿欧元。不仅如此,大量经过培训而掌握新科学技术和设备的花农,专业化的花卉种苗公司,专业的花卉拍卖市场,大量的推广花卉种苗和种植技术的科技服务人才,专门为花农提供金融服务的人才等,这些丰富的人力和组织资源,为产业集群的健康可持续发展提供了高级的劳动力和服务保障。

荷兰的花卉占世界花卉 60% 以上的市场,2015 年仅 1 月到 10 月花卉出口创汇就达到 47 亿欧元之多。从荷兰花卉出口的历史看,早期鲜花主要出口到德国、法国、英国和俄罗斯等。1912 年,主要由鲜花种植商和中间交易商集资建成两个鲜花交易市场,即著名的 Bloemenlust 和 Centrale Aalsmeerse Veiling。随着世界经济的不断发展,人们收入持续增长,对鲜花的需求量日益增加,这就给荷兰花卉产业的发展提供了巨大的市场机遇。荷兰人是世界上最爱花的民族之一,日常中消费者对花的需求量非常大。更为重要的是,由于荷兰生产的花卉品质优良,种类繁多,能够满足不同层次海外客户群的需要。因此,国内和国外旺盛的市场需求,促使荷兰的花卉市场不断发展,花农的收入水平不断提升。

世界鲜花市场旺盛的需求,推动了荷兰国内鲜花产业的发展,也带动了该国与鲜花产业相配套的设施的不断完善,以及种植、包装、运输等行业的不断创新,依靠科技发展花卉产业集群。荷兰花卉生产已经普遍实行了机械化和自动化,全国超过 80% 的花卉种植采用了无土温室栽培技术①。荷兰花卉品种繁多,其中又以郁金香、玫瑰的品种数量最为突出。鲜切花品种有 3500 种,庭院植物品种有 2200 种,盆栽植物品种超过 2000 种。

荷兰花卉产业已经形成了一个完整的产业体系,从花卉的种植、生产、

---

① 现代化的新型自动化温室栽培技术,能够满足不同花卉生长所需的温度、湿度、光照、肥料供给等条件,全部过程实行自动化播种、育苗、移栽、采摘、分级、包装等流程。依靠这种全自动化生产模式,荷兰花卉的生产规模和种类、效益等都得到了大幅的提高。

培育、加工、销售,到推广、科研、物流、金融、旅游、生态等各个环节,都相互关联。不同的群体和公司之间专业化生产,由行业协会协调衔接,生产中分工、专业化程度极高。科研机构从事育种及提供科研支撑,销售环节通过拍卖市场完成,围绕花卉种植的配套服务体系为花卉种植企业提供便捷的服务,金融等辅助机构以及政府的有效管理和政策扶持共同构筑起荷兰花卉产业的核心竞争力。在此基础上集聚形成的产业集群,推动了花卉产业持续发展壮大。在荷兰,上百家世界知名的种子公司、种苗公司、包衣公司等都设有子公司;拥有几千家专业化的花卉种植者;各种各样为花卉服务的公司,其中包括提供花卉苗、灌溉和收割设备、包衣和标签的公司,还有各种专业化的公关和广告公司,众多的花卉交易商和出版商等。在花卉生产基地,这些大量的专业化分工的企业、科研和服务机构等,通过合作与竞争紧密联系在一起,形成了协同发展的花卉产业集群(黄福江等,2016)。

规模较大的产业集群可以刺激大量提供准公共品服务的公司出现,如各种培训公司、信息公司、专业化的人才公司、基础设施和贸易等。荷兰花卉产业集群的公共服务,主要来自政府和公司两个方面。荷兰政府不直接参与花卉的经营,却提供各种相关的服务,如从花卉合作社和拍卖制度开始发展,政府就作为积极的推动者,扶持这种制度的建立并促使其完善。同时,通过政府投资或补贴来发展公用市场基础设施。另外,荷兰政府还通过分布于世界各国的使馆,为企业提供全球对花卉需求的信息。同时,荷兰政府通过与不同国家签订多边、双边贸易协定,消除花卉的国际贸易壁垒,组织出口花卉企业参加国际贸易展览,组织国际贸易考察团、促销会,为花卉出口企业提供出口信贷及中介和开展培训项目。荷兰政府还提供花卉的研发服务,为提高花卉产品的市场竞争力,早期对研究开发的投资已经建立了良好的生物技术研究体系。除政府积极参与花卉的研发、国际贸易等服务外,荷兰花卉中介公司与培训公司也非常活跃,提供的服务与种类也非常多,所有这些服务都从不同的层面提高了其花卉产业集群的竞争优势(郑风田等,2011)。

此外,荷兰花卉独特的拍卖市场体系,也是保证其产品价格优势,进而维持花卉产业集群强大竞争力的重要条件之一。荷兰的拍卖销售在

1887年被一个花椰菜农率先使用,经过100多年的发展和完善,演变成为荷兰最主要的农产品销售方式之一。拍卖场使得总供给与总需求直接挂钩,供求法则有效地发生作用,销售在一种完全竞争的气氛中进行,并在这种市场机制下"发现"公平的交易价格。在荷兰花卉市场交易中,世界各地的购买商在拍卖市场登记注册后,就可以使用拍卖市场提供的各种设施。拍卖市场所有的花卉产品都通过拍卖大钟成交,各种不同品种、不同规格鲜花的数量、价格等信息都在拍卖钟上显示。当购买商看中某种鲜花并决定以拍卖钟显示的价格购买时就按动按钮,然后电脑进行各种后续程序的处理,当天就包装运送到附近的国际机场,保证第二天能在世界各地的花卉市场零售。荷兰独特的花卉拍卖体系,不仅起到了使价格透明公开的作用,而且已经演化成了一个独特的花卉产品集散地。其职能包括产品的分类、分级、质量和包装等标准化管理,并且提供各种储存设施和冷库设备服务。同时,拍卖市场还提供各种现代化的拍卖销售设施,具有市场研究、销售管理、海内外促销等职能,并提供销售信息服务以及完整的银行决算、交通运输服务。这些全面的服务体系,使得生产者和购买者都能够得到全方位的信息和支撑服务(郑风田等,2011)。

4.1.2　花卉产业集群发展的特征

1.要素禀赋是集群形成和发展的基础

农业产业集群是在集群所拥有的物质资源的基础上,在一定力量的作用下经过长期演化形成的企业生态系统。农业产业集群所拥有的物质资源是其竞争优势的基础,离开了优越的资源禀赋条件,农业产业集群就丧失了形成和发展的基础。

如前所述,荷兰花卉产业集群的形成和发展,首先得益于其良好的要素禀赋优势,如天然的水源、地势、温湿度等资源禀赋优势,为荷兰花卉的种植提供了自然保障,是荷兰花卉产业集群形成的自然要素禀赋前提;随着科技和经济的逐步发展,花卉产业种植对技术的要求越来越高,此时温室栽培技术、无土栽培技术、全天候自动化电脑控制、大批科研技术人才等高级要素,保证了荷兰花卉产业集群的可持续发展。

2.持续的科技创新是集群竞争力的核心

科技创新是农业产业集群形成的内在动力,一旦产业集群形成,注入新鲜血液,保持社会资本,进行持续的科技创新则是农业产业集群发展的重要保障。一项农业技术创新可以振兴一个农业产业,可以使一个农业产业由小变大,由弱变强,更可以使多个产业形成集群并发展壮大。农业科技创新能够改变生产力的三个要素,即劳动力、生产资料和劳动对象(高升等,2010)。科技创新是荷兰花卉产业集群形成强大竞争优势的根本动力。同时,其强大的农业科技支撑体系是产业集群不断取得技术突破的保障。

3.政府宏观调控是集群的制度保障

农业是国民经济的基础性行业,对自然资源和公共设施有着重要的依赖,且具有一定的公共产品属性,需要政府发挥宏观调控的功能。因此,作为农业产业集群的行为主体,政府在集群发展中发挥着不可或缺的作用,是农业产业集群发展的极其重要的外在推力。在产业集群形成和发展的过程中,政府宏观调控的举措主要包括:提供良好的基础设施;创造合理的制度环境以及提供相应的政策扶持;提供有效的公共服务,促进产业集群的成长与升级;制定针对性较强的有力措施。

在荷兰花卉产业集群的形成和发展过程中,政府为花卉产业提供了一系列制度保障。如对直接从事花卉生产的花农降低能源使用费,在税收上降低增值税率,对购进的新设备给予财政补贴;从法律上授权中介服务组织维护行业的合法权益;建立花卉测试中心,给予一半经费补贴;制定严格的花卉质量检测制度等。这些宏观的激励和保护政策,为荷兰花卉产业提供了良好的外部环境,极大地促进了荷兰花卉产业的发展。

4.2　美国加州葡萄酒产业集群

美国是全球最典型的现代化农业大国,是全球最大的农产品出口国,体现了其农业所具备的强大的竞争优势。这种竞争优势的取得虽然有各种各样的原因,但其中大力发展农业产业集群是核心原因之一①。美国农业产业集群的发展是与其自然条件和资源、政府合理的农业产业布局、发达的农业科技等因素紧密联系的。产业集群能够最大限度地节约成本,推进科技创新,强化区域化集聚,集群内企业、农场与其他机构进行专业化分工,在政府的推动下强调社会化的协作(张楠楠、刘妮雅,2014)。而这其中,加州葡萄酒产业集群则是其农业产业集群发展的典型。

4.2.1　加州葡萄酒产业集群概况

加州位于美国西南部,是沿太平洋东海岸的一片狭长地带,四周为连绵不断的山脉,中央为谷地,具有夏干、冬湿的独特的气候特点。加州是美国最大的葡萄酒产区,无论是产量还是产值都占美国葡萄酒行业的90%以上,如2012年加州葡萄酒产值达到了22亿美元。加州是世界上少有的葡萄适宜种植区之一,具有多种类型的地势特征,形成了各种风味和用途的葡萄品种。这里每年有超过200天的日照,而且葡萄生长期的气候稳定。春夏季既有漫长、光照充足的干热白天,也有凉爽晴朗的夜晚,为葡萄生长提供了一个近乎完美的环境条件。生产的葡萄既具有浓郁的果香味,又不乏适合的酸度。同时,加州的地质多样性也造就了多样的土壤类型,包括白垩土、石灰石、黏土、壤土以及火山灰等。事实上,在加州的同一个葡萄园里不难发现三四种甚至更多不同类型的土壤。这种

①　美国农业产业区域集群的发展经历了三个时期,即个别的农业区域分工时期、农业区域分工扩展时期和农业区域分工深入时期。17至18世纪是个别的农业区域分工时期,伴随着商品性农业的发展,美国逐步形成了南部以烟草、北部以畜牧业、中部以小麦等粮食作物为主的生产格局,农业生产呈现出初步的专业化分区,成为区域化生产的最初形式。从美国独立战争到20世纪20年代,随着美国的"西部开发运动"和颁布的一系列土地法令,美国小农经济迅速解体,资本主义大农场开始建立,农业区不断向西移动,农业区域化生产逐步扩展到大部分农产品,在自然禀赋条件和区域社会经济集聚发展战略的推进下,农业生产进入扩展的农业地区专业化时期。从20世纪30年代至今,美国的农业区域分工在上一期地区布局的基础上得以延续,机械化生产导入农业,在畜牧业、园艺业中出现了专业化程度非常高的农业工厂化生产,所有农产品向适宜区集中生产的趋势逐步强化,形成了优势十分明显的农业产业区域集群,美国农业生产进入深入的农业地球专业化时期(高升,等,2010)。

土壤条件,意味着葡萄种植者可以根据土壤类型同时种植数种葡萄,以获得最大的收益。

优越的适宜葡萄种植的自然环境条件为加州葡萄酒产业集群的形成和发展奠定了基础。从加州葡萄酒产业集群在地理上的分布看,沿海岸一带以纳帕、索诺玛为代表的集群地区,主要生产高档葡萄酒。其中,纳帕山谷、索诺玛山谷是加州葡萄酒主产区。与法国、西班牙等欧洲传统葡萄酒生产国相比,美国葡萄酒产业的发展时间相对较短,仅有200多年的历史。但从20世纪70年代后,随着美国葡萄酒产业集群化发展战略的实施,产业链不断完善,葡萄酒产业得到快速的发展,逐渐超越法国、西班牙等国家,在世界葡萄酒市场占据了显著的位置。表4-1为美国加州葡萄酒产业出口情况。

表 4-1　美国加州葡萄酒产业出口情况

年份	出口量/亿升	出口总额/亿美元	国际市场占有率/%
2006	3.84	8.32	4.3
2007	4.01	9.03	4.5
2008	4.05	9.14	4.8
2009	3.45	8.27	4.6
2010	3.83	11.42	5.0
2011	4.06	12.54	5.3
2012	4.25	12.87	5.5

资料来源:张楠楠,刘妮雅.美国农业产业集群发展浅析[J].世界农业,2014(3):56—59.

加州葡萄酒产业集群包括近700个葡萄酒厂、4000多个独立的葡萄栽培者,以及制造葡萄储存设备、灌溉设备、采摘设备,桶、瓶、瓶盖和软木塞、标签等多种相关产品的企业、专业化的公共关系和广告商等。集群内部的许多机构团体,如加州大学戴维斯分校和费雷斯洛州立大学、酒业协会,以及加州参议院和立法会议的特别委员会等,都为葡萄酒产业集群提供了相应的服务。此外,加州葡萄酒产业集群与加州农业、餐饮业以及旅游业等产业也有着密切的联系。

通过多年的发展,加州葡萄酒产业集群已经形成了葡萄种植—葡萄酒生产—葡萄酒设备制造—葡萄酒酒瓶、酒瓶盖、瓶塞的生产—商标的印刷以及专业出版物的完成的产业链体系。在加州葡萄酒产业集群中,葡萄酒酿酒厂是集群的核心,葡萄种植、生产制造葡萄灌溉设备、采摘设备、储存设备等多种相关产品的企业都为葡萄酒生产加工提供直接的辅助型服务;大学等科研机构则为优质葡萄品种选育栽培、葡萄酒酿造技术改进以及葡萄酒业经营管理人才的教育培养提供智力支撑;就业协会以及加州参议院和立法会议的特别委员会为葡萄酒业的有序发展提供政策支持,规范行业的发展。这些集群内的各种机构间紧密地互动,促进了加州葡萄酒产业集群整体竞争力的提升和集群的可持续发展。

4.2.2 加州葡萄酒产业集群发展的特征

通过发展产业集群的方式,加州葡萄酒产业得到了快速的发展,提升了其产品的质量,增强了其在国际市场上的竞争优势。综合来看,加州葡萄酒产业集群的发展具有如下一些基本特征:

1.依托良好的要素禀赋条件

农业产业集群是在集群所拥有的物质资源的基础上,在一定力量的作用下经过长期演化而形成的企业生态系统群。所拥有的物质资源是产业集群竞争优势来源的基础,这些物质资源既包括土壤、气候、矿藏等自然资源,也包括劳动力、知识技能、资本等非自然资源。加州葡萄酒产业集群的形成和发展,正是充分利用了当地得天独厚的物质资源。夏干、冬湿的气候特点,充足的光照,多样化的适合多品种葡萄种植的土壤条件等,都为产业集群的发展提供了物质资源保障。同时,加州葡萄种植的历史传统,强大的科研机构和高校提供的技术支持,政府各种支持政策的出台,以及强大的金融等配套服务系统,都构成了加州葡萄酒产业集群形成和发展的非自然资源条件。

2.强化政府的宏观调控

在农业产业集群的形成和发展过程中,政府发挥着重要的宏观调控作用。即使是市场经济高度发达的美国,其政府也通过制定产业集群政策、加大基础设施建设力度、加大科技支持力度等方式,对农业产业集群进行宏观管理。从总体上来看,在农业产业集群发展过程中,政府行为主要包括:提供良好的基础设施;创造合理的制度环境以及提供相应的政策扶持;提供有效的公共服务,促进产业集群的成长和升级;制定针对性较强的有力措施,解决农业产业集群中面对的一些难题。在加州葡萄酒产业集群发展的过程中,针对基础设施供应不足、集群企业创新能力不足、集群生态环境破坏严重、品牌受损等市场失灵问题,政府积极采取相应的措施予以支持并解决这些问题。如建立包括加州议会的酒业委员会,加州大学戴维斯分校的葡萄栽培及酒业酿造研究中心等科研机构都为加州葡萄酒产业集群发展提供科研服务等智力支撑及政策支持。

3.鼓励支持科技创新

农业技术创新是提高农业生产效率,提升农产品竞争力的动力和关键。没有技术创新,就无法提高农产品的生产效率,进而无法占据激烈的海外市场。美国政府和企业一直都十分注重对农业科技创新的投入力度,注重低碳、节能和高效的农业技术研发、推广和运用。在加州葡萄酒产业发展中,通过鼓励科技创新,加大生物工程、病虫害生物防治、卫星定位和遥感等新技术创新的力度,提升了集群内众多企业产品的竞争力和经营能力。

4.构建农业产业集群平台

美国农业产业集群的快速发展与成长,与农业部的推进与催生是密不可分的。在产业集群的形成和发展过程中,农业部的主要职责体现在三个方面:首先,制定农产品市场交易标准。制定农产品市场交易标准的目的是打击各种假冒伪劣产品,并将其排除在市场交易之外,从而减少交易成本,确保农产品运销加工企业能够更好地经营,为农业生产部门提供准确的市场信息。其次,规范市场交易行为。为避免农产品价格的大幅波动,给予农产品运销加工企业一个公正合理的市场交易环境。美国国会先后通过若干法律,明确规定了各种垄断行为,还将非股份制、非营利性的合作社从反托拉斯法中豁免。最后,为产业集群的发展提供各种服务。美国农业部是美国政府第一大管理机构,它既是农业社会化服务体系的参加者,也是各方的协调者,保障服务体系的正常运行。

4.3　印度东北部农业产业集群

产业集群发展在地区经济,尤其是在落后农村地区的经济发展中扮演着主要的角色,已经成为促进农村脱贫、农民创收和地区经济发展的主要手段。众多发达国家和发展中国家产业集群战略实施的经验,已经证明了这一点。而作为印度最落后的农村地区之一的东北部地区,其农业产业集群的建设和发展在增加农民收入、减少贫困人口以及发展农村经济等方面具有显著的成效。因此,本节将采用案例的形式,对该地区农业产业集群发展的经验进行简要的介绍。

4.3.1　农业产业集群现状

如同其他众多的发展中国家一样,印度也存在着典型的城市和农村、工商业与农业的二元结构现象。有数据表明,目前印度总人口的 70% 生活在农村地区。因此,农业在印度经济发展中居于重要的地位。而众多的农村人口,其收入主要来源于农业。除农业外,广大农村经济发展也在一定程度上依赖于非农业部门分支行业的一些经济活动,如家庭手工业和村办企业、印度土布生产、手摇纺织机生产、手工艺品、日常商品交易、农村家庭小商店、大量商人等,以及一些为相关产业提供服务的活动,如交通、通信、银行、投入、农业和非农业生产等(Singh,2009)。

最近许多研究表明,印度的人口负担和农业人口比例从 2000 年左右开始出现了持续下降的趋势。统计数据表明,2011 年农业产出对国民生产总值(GDP)的贡献已经下降到 18%。持续增长的人口压力和大家庭分家而导致的农村人均可耕地面积的减少、灌溉设施的落后、农业生产技术升级水平的缺乏、土地管理的缺失以及洪灾的频繁爆发等众多因素，都已经或正在促使印度农村地区劳动力不断地从农业部门转移到非农产业部门。以东北几个邦为例，由于这些地区的农业不发达（甚至有的地区接近原始农业状态），加之地区工业化水平很低，基础设施建设严重不足，所有这些不利条件都促使当地农村居民开始从事一些基于本身技能和传统手艺的经济活动，以摆脱不利的局面。

总体来看，近年来这种基于当地农村居民本身技能和传统手艺的经济活动，给印度东北部各邦的农业经济发展带来了巨大的贡献。而这些经济活动，主要以中小企业的形式出现，因此，中小企业在印度东北部地区，乃至在整个国家经济发展中扮演着越来越重要的角色。据统计，中小企业对印度全国工业总产值的贡献率达到了40%，全国制造业出口总量的35%由这些中小企业创造。这些中小企业所从事的生产领域主要集中在食品加工、化工、制药、体育用品、皮革制品、塑料制品、手工纺织品以及手工艺品等行业，每个企业所吸纳的劳动力就业数量也不断地增长，从2001—2002年度的4.48人增加到2006—2007年度的6.24人。

在印度东北部的广大农村地区，成千上万的家庭手工业企业在运行，这些传统的家庭手工业企业主要由社区和种姓（Caste）负责经营。这些为数众多的中小规模企业具有如下的一些基本属性和特点：所从事的大多是劳动密集型产业，技术含量较低；家庭手工业企业主要是以社区和种姓为基础；企业所有者和员工大都是家庭成员；企业所从事的生产大多是基于本地的可获得资源；企业厂房基本属于自家所有，且相对较简陋；使用机械较少，并且资本投入有限；由于资本投入有限，加之生产技能和网络的限制，使得企业能够从外部资源获得的有关产品、服务、管理以及信息等方面的创新极其有限。

自独立以来，印度各级政府在不同的历史时期，都十分注重通过制定相关的政策，以促进广大农村地区这种基于家庭手工业的小规模企业的发展。这些政策主要包括建设综合工业园区，建设如纺织品、食品加工、信息技术等类型的特定产品工业园区，以及建设工业区和专属经济特区等。但令人遗憾的是,这些由中央政府和地方政府大力推行的政策,并没有给印度东北地区众多工匠和家庭企业带来多少好处。这些至今仍在部分地区推行的、以促进当地农村地区小型家庭企业发展为目标的政策,实际上并未把握农村经济发展的本质。

为了克服各级政府早期政策的局限性,在联合国工业发展组织(UNIDO)的支持下,印度中央政府于1997年制定了农村地区产业集群发展战略计划,并将该计划作为促进广大农村地区家庭式小企业发展的试验。事实上,许多发展中国家的产业集群都以小型企业和家庭式企业为主导。同样地,在印度广大农村地区,长期存在的包括从事手工业、传统和现代产业在内的一大批产业集群,近年来已经获得了长足的进步,而这些产业集群的建立大多是基于当地社区的传统经济活动。对于印度东北部农村地区的产业集群,我们可以理解为它们是以家庭为单位在空间地理上的相对集中。这些基于家庭单位的企业主要从事工艺品和手工艺制品的生产,为当地世代居民提供生产技术并生产历史悠久的产品。综合来看,这些地区的产业集群具备如下的优势:

(1)产业集群为当地居民提供了在本地就业和发展的机会,使得大批居民不用离开居住地到城市或其他地区就业,从而能够保持家庭和社区的相对稳定。

(2)通过发展产业集群,当地能够提供高质量的产品和服务,从而吸引了大批新的消费者和公共投资进入该地区,其结果是给当地所有的商业都带来了利益。

(3)小企业无论是在产品生产过程中,还是在它们的决策和管理等方面,产业集群都能够给其带来创新的机会。同时,产业集群还给这些企业创造了技术升级、进入当地和其他地区新的市场的机遇。

(4)产业集群的发展培育了区域品牌,使得集群所在地的企业在社区网络或者是相关的市场中,可以充分利用区域的品牌效应。

(5)产业集群的发展形成了外部规模经济效应,强化了集群所在地企业与原材料供应商以及零售商的讨价还价优势。这种议价能力对于单个企业的生存和发展而言至关重要。但如果仅仅靠这些小规模企业自身是无法获得的,必须借助于地区产业集群的壮大。

(6)产业集群可以通过最大限度地利用当地的资源,如人力资源、森林和自然资源等要素,来促进区域经济的发展。

(7)东北部农村地区大量的实践证明,只有通过产业集群的发展,当地农村社区和农业才可能实现可持续发展。

(8)对于印度来说,尤其是对于印度东北部落后农村地区而言,产业集群的发展有利于减少社会贫困人口。

从 2008 年开始,印度东北部地区开始推行产业集群战略,其主要的方式是对传统的家庭式小企业提供帮助,以促进农村地区经济的可持续发展。根据相关部门的统计,在东北部地区,现有大约 305 个小规模的产业集群。其中有 263 个为手摇式布纺织业和手工艺品小型产业集群,而这些地区还有大量类似的小型产业集群正在形成中。表 4-2 是印度东北部农村地区小规模产业集群的基本概况,从中不难看出,小规模产业集群在该地区发展十分迅速。

表 4-2　印度东北部农村地区小规模产业集群　　　（单位:个）

	小规模产业集群数量	手摇式布纺织业产业集群数量	手工艺品产业集群数量
Assam	46	23	23
Manipur	20	26	11
Meghalaya	10	16	3
Mizoram	7	7	7
Nagaland	4	15	7
Tripura	2	25	4
Sikkim	—	6	2

资料来源:根据 Industrial Cluster:An Approach for Rural Development in North East India,Rinku Das and Ashim Kumar Das 整理。

印度东北部地区小规模产业集群不仅数量众多,而且在吸纳当地劳动力就业方面做出了巨大的贡献。数据显示,该地区的 63000 个小规模的产业集群,共提供了 160000 个就业岗位,为当地居民创造了提高收入水平、改善家庭经济状况的机会。

4.3.2 农业产业集群成效

产业集群并非是一种新的经济现象,它有很长的历史。实际上,伴随着全球化和自由化的快速发展,其在广大发展中国家大规模地出现是在 19 世纪末。当前,几乎每一个发达国家和发展中国家都将产业集群作为促进区域经济发展的战略。但对于采取何种方式建设产业集群以促进区域经济发展,不同的国家和地区之间有很大的差别。越是发达的国家如意大利、日本等,由于它们拥有更先进的技术,所以发展产业集群的理念主要是为了让其产品打入国际市场以及提升产品的国际竞争力等;而广大发展中国家如印度,发展产业集群则主要是基于这样的理念,即促进农村经济发展,通过提升传统技能和知识等方式促进社区发展、扶贫发展、市场开发等。2007 年的一份报告中提到,印度大约有 6000 个小规模产业集群。另一份联合国工业发展组织的数据库则显示,印度有超过 4000 个手工业产业集群和大约 363 个非手工业产业集群。印度产业集群总体分布情况表明,传统的手工业集群遍布印度广大农村地区,而其中绝大多数产业集群都是由一些基于家庭的小企业所组成。小企业在农村地区的产业集群中居于主导地位。这些为数众多的小型手工业产业集群,在印度农村地区经济发展中占有非常重要的地位。综合来看,这些小型产业集群带来的经济效益主要包括如下方面:

(1)通过产业集群战略的发展,为印度中央政府与各邦政府、当地机构和组织(这些组织涵盖了当地的非政府组织、非正规农户自助组织、社会团体、学会等)、国际组织(包括联合国工业发展组织、联合国开发计划署等)以及其他教育机构等之间创造了良性的密切联系。

(2)数量众多的小规模产业集群所具有的劳动力"蓄水池"属性,能够在很大程度上缓解广大落后农村地区劳动力的失业问题。

(3)产业集群在某一个地区的建立和发展,由于其产生的外部经济效应,诱使其上下游相关产业和配套服务也向该地区集聚,产生本地化经济,从而带动该地区经济和社会的发展。

(4)产业集群地区的企业,由于能够提供高质量的产品和服务,从而能为本地吸引更多的供应商、客户和基础设施的公共投资。而这些主体的进入,将给集群所在地所有的商业都带来好处。

(5)集群所在地企业由于空间的相互接近性,从而具备更多的合作机会。在合作的过程中,企业相互间可以在产品生产、服务和管理水平等方面相互学习以获得更多的创新收益。

(6)由于产业集群的发展,企业对劳动力的需求增加,进而会提高劳动者的工资收入水平。

(7)在产业集群内部,集群效应可以提高集群内小规模企业的劳动效率,使这些企业具备通过劳动分工而更有效地进入市场的可能性。

(8)产业集群给小型私人企业提供了专业化生产和服务的机会,使其具备专业化的技术、服务和投入的能力。

(9)产业集群使得集群内众多的小型企业可以降低获得资源、劳动力和信息等的成本。

(10)产业集群所产生的知识外部性,使得集群内企业可以无成本或低成本获取新知识、新产品信息、新生产工艺和技术等,而这些通过市场是无法获得的。

(11)产业集群内的主体通过相互合作,采用共享营销和分销渠道而共同分担成本的方式,使得集群内企业和集群机构都能够增强市场竞争能力。

(12)在产业集群内,由于资本、商品、企业管理人员以及经营理念等要素的快速流动,能够帮助集群所在地的小企业走向全球化市场,并为当地居民创造增收的机会。

长久以来,贫困一直存在于经济与社会发展过程中,主导着世界上许多发展中国家的整体发展态势①。自独立以来,印度政府采取了一系列

---

① 根据联合国工业组织 2004 年的定义,从经济层面上考察贫困,是指基于居民所拥有的收入、物质财富和资产,他们不具备购买商品和服务的能力。

的政策和行动方案以试图消除社会贫困。这些政策和行动方案主要包括:农村居民的自我就业计划、工资雇佣计划、公共分配系统等,以及其他社会导向类的项目,如国家农村就业保障、工作餐计划、农村就业紧急方案等。毋庸置疑,政府制定和执行的这些方案,给印度一些邦和地区在消除贫困方面带来了一定的积极成果,然而大部分的政策都存在着局限性。与此同时,从减少贫困的效果来看,城市与农村地区存在着一定的差距。根据 NSS 发布的 2004—2005 年度报告,相较于印度城市地区25.7%的贫困人口比例,农村地区贫困人口占比达到了28.3%。其中,印度农村地区贫困人口,主要集中于农民、偏远农村地区居民和众多手工劳动者之中,这些人绝大多数并非全职从事农业或者手工业工作。在联合国工业发展组织的支持下,印度政府将发展产业集群作为减少印度农村贫困人口的政策,尤其是针对手工业行业发展产业集群。经印度农业发展部、联合国工业发展组织、小型企业和发展协会等众多组织考察后的研究表明,在印度广大农村地区所推行的产业集群政策,对农村地区消除贫困产生了积极的作用。产业集群和减少贫困两者之间,通过收入和就业者两个要素而相互紧密地联系在一起。

目前,研究产业集群与减少贫困之间关系的文献还非常少。在这些为数不多的文献中,2004 年联合国工业发展组织公布的题为"产业集群和减少贫困"的报告认为,产业集群和减少贫困通过三个明显不同的方式保持相关性,也就是集群特性、集群发展过程和集群发展动力。集群特性表明,开始发展的和能够生存下来的两类产业集群对贫困问题产生直接的作用,越是成熟的产业集群,其越是通过间接的手段,即为收入较低的工人及其家庭创造就业机会和增加收入等方式,来减少当地的贫困人口;产业集群发展进程中产生的外部性与企业间的合作,有利于提高集群内小型企业的市场参与能力,从而能够提高集群内工人的收入水平,增加个人的财产,提升个人的工作能力,进而有效地促进集群所在地贫困水平的降低和社会剥削的减少;集群发展动力通过提高人力资本水平,从而提高集群所在地企业的技术能力,以及提高广大工人和小规模企业的生产能力。

4.3.3　Barpeta 地区甘蔗和竹编织产品产业集群案例研究

Barpeta 地区的甘蔗和竹编织手工业集群位于 Barpeta 地区的 Raipur 村,该村距离邦首府 Assam 约 90 千米,与 4 个本国其他地区及另一个国家接壤。2008 年,Raipur 村及另外 4 个村开始推行产业集群发展项目,这个村有着悠久的竹产品编织传统和甘蔗种植的历史,村民大都具有熟练的竹编织技术和甘蔗种植经验。当地政府在发展甘蔗和竹编织产业集群项目时,主要通过提供新设计、新市场和加强供应链来推行产业集群的建设,而核心举措则是通过在该地建设 CFC(公共设施中心),以提供直接联系国外市场的买家和参加国内外各类展览会、交易会等的机会。

当地政府在 Barpeta 地区推行产业集群建设项目后,使得该村 650 多名有着编织和甘蔗种植技术的村民,开始直接全职从事甘蔗和竹编织产业项目相关的工作。他们的收入也开始大幅地增加,从原来的每月 700 卢比增加到每月 4500 卢比。在 Raipur 村庄,CFC(公共设施中心)大约有 1300 平方英尺,由于引进了新的技术和机器,集群内的手工业者都能够从中受益,同时也有利于增加产品的产量,帮助提高产品的设计水平等,促使产品各方面达到国际标准的要求。除了这个公共设施中心,该村庄还帮助其他 100 位手工业者建立了属于他们自己的,且工具齐全的工厂或工作室。位于该邦 Guwahati 市的印度理工学院(IIT)为该产业集群提供质量控制,并为其产品的设计、处理和改进等提供技术支持。为帮助该产业集群内企业进行市场推广,首先,Guwahati 市政府和其他相关部门组织了系列展览活动,并在 Barpeta 地区专门建设了一个展览馆,以促进甘蔗和竹产品定期出售;其次,主管部门基于能力提升计划,组织针对集群内工人的知识普及和能力提升训练,以促进产业集群发展方案的更好实施和提高手工业者参与的积极性。此外,当地政府还引进了一项针对手工业者的保险方案,通过 DC Handcraft 组织为这些手工业者发放了工匠准入证明,以保障他们的利益。

4.4 国际农业产业集群发展的基本规律

作为现代农业生产发展演进过程的一种现象,农业产业集群的形成和发展要遵循一定的客观规律。它并不是众多专业化生产企业在空间上简单的集聚,而是农业生产发展到一定阶段的产物。从荷兰、美国等农业发达国家,以及印度等发展中国家产业集群形成和发展中,我们可以发现农业产业集群发展的基本规律:

1.立足本地资源是农业产业集群形成和发展的基础

新经济地理学认为,人类的生产行为总是趋向于集中在某一个地区,而地理位置和历史优势是集聚的起始条件。农业不同于工商业,包括地域、气候、土壤、水资源等在内的先天要素禀赋因素。它们对农产品的类型、产量、品质、成本等影响很大,也直接决定着农业产业集群的形成和发展,是农业产业集群形成的必要条件和物质基础。随着科学技术的进步,尽管农业生产受自然条件的制约越来越小,但任何农产品生产都始终离不开适合农作物生长的湿度、温度、光照、土壤条件等自然要素,而且包括所在地历史传统、风俗、文化等在内的非物质要素也对农业生产有着重要的影响。这些自然要素和非物质要素不仅影响着农产品的生产,而且还决定着农业产业集群的形成和发展。只有遵循客观规律,在适宜区和最适宜区布局的农业产业集群才能减少成本,获得更大经济效益,从而实现可持续发展。从产业集群发展的国际经验中不难看出,无论是荷兰花卉产业集群、美国加州葡萄酒产业集群,还是印度东北部甘蔗和竹编织产业集群,都是以当地独特的适宜于该种农产品生产的自然禀赋为基础的。物质要素禀赋是其农业产业集群竞争力优势的基础来源。与此同时,注重对当地历史传统、风俗、文化等非自然要素禀赋的挖掘,也是产业集群成功的重要前提条件。

2.加强政府的宏观调控是农业产业集群发展的基本保障

作为农业产业集群的行动主体和形成外源动力机制的重要因素之一,政府在农业产业集群形成和发展的过程中扮演着不可或缺的角色,是农业产业集群发展的极其重要的外在推力。其主要措施包括:首先,提供良好的基础设施。无论是发达国家,还是发展中国家,各级政府都要加强对基础设施的建设和完善。这在客观上促进了农业产业集群的发展。通过基础设施建设,降低农产品生产成本和流通成本,促进农业生产进一步向具有竞争优势的地区集中。其次,创造合理的制度环境以及提供相应的政策扶持。政府通过进行合理的制度设计,优化农业产业集群的制度环境,增进集群内企业之间的信任,丰富本地的社会资本,协调企业之间的共同行动,催生企业间良性的竞争与合作格局。同时,政府对农业产业集群的发展提供的直接或间接的政策扶持,也对农业产业集群的发展起到了促进作用。再次,提供有效的公共服务,促进产业集群的成长和升级。政府通过收集行业的市场与技术信息,制定行业标准,强化本地企业的产品质量意识与管理意识,建立公共培训机构,组织联合技术攻关,树立本地良好形象,创建区域品牌等措施,推进农业产业集群的发展。最后,制定针对性较强的有力措施,解决农业产业集群中共同面对的难题。如土地分散和农业经营规模偏小,不利于现代化农业技术的推广应用和农业产业集群的形成,法国、日本等国家通过推动土地的适度规模经营,对农业产业集群的形成和发展起到了积极的作用。

3.建立发达的科技服务体系是农业产业集群可持续发展的主要保证

农业科技的不断发展和进步,是提高农业生产效率,提升农产品竞争力的动力和关键。荷兰、美国等农业发达国家的农产品之所以在国际市场中具有强大的竞争优势,一个重要的原因就在于其建立了完备的农业科技及服务体系。在这些国家的农业产业集群中,科研服务机构众多。如美国既有联邦科研机构,也有科研教育机构,还有科研服务推广机构,不同层级之间的科技服务机构相互间分工合作,为农业产业集群的发展提供了强大的科技支持。在支持的层次上是根据产业集群的特点来进行的，在生产、流通、加工等不同领域有科技服务，随时以最大化的效益来保障集群的发展。同时，科技服务的手段也极具现代化。美国农场基本上90%都是现代化机械操作，机械化操作与网络化发展相结合，80%的农场可以使用互联网监管，30%的农场可以使用直升机喷洒农药，有些农场还能够使用卫星定位技术进行生产和管理。同时，网络化也体现在集群的信息平台上，在生产、加工及销售流通领域中，信息平台定时更新各种信息，尤其是出口动态信息，便于集群整体发布最新的农业市场动态，有针对性地调整企业的生产计划。

4.强化品牌战略是提升农业产业集群竞争力的关键

藤田(2009)认为，不同于标准空间经济学中的制造业和服务业，农产品差异化不会导致生产者和消费者大规模集聚的形成。事实上，农业依附土地的这一特殊本质决定了集聚不大可能发生。而破解农产品是同质品的方法，就在于实施品牌化战略。通过赋予农产品品牌以形成产品的差异化，从而实现农业产业集群的可持续发展。如美国通过大力推行"绿色品牌战略"，创造依托资源禀赋和拥有区位优势的品牌，以实现农业产业集群的可持续发展。在竞争日益激烈的农产品市场，发展绿色农业品牌，已经成为很多农业发达国家优化资源配置，增加农业经济效益的动力和源泉，是提高市场竞争力最有力的手段。如美国通过走绿色农业产业集群品牌战略发展道路，吸引从事生产、加工、物流、销售等环节的企业在空间相互集聚，发挥农业产业集群内企业、农业科研服务机构、农业行政管理部门的资源协同、组织协同、管理协同和服务协同效应，降低农业产、供、购、销成本，增加农产品区域品牌的品牌价值，提升农产品品牌竞争力，使得美国农产品在全球拥有强大的竞争优势。如上文提到的加州著名的葡萄酒品牌产业集群，创造了具有世界影响力的集群品牌，知名葡萄酒品牌提升了美国品牌农产品的综合价值，反过来又促进相关农业企业进一步向该地集聚，推动加州葡萄农业产业集群的良性循环发展。

5.进行农业合作组织化建设是农业产业集群发展的组织保障

随着市场竞争的日益加剧，传统的小规模农业生产与大市场之间的矛盾愈加突出。信息不对称以及各个农户在生产和经营水平上存在差异导致农户与市场的交易费用较高。同时,小规模的生产难以逾越自然风险和市场风险,往往导致农业再生产的中断,出现盲目生产的局面,使农业生产产生大起大落的周期性变动,给国民经济及农户自身带来风险。几乎在所有的农业发达国家如日本、美国、法国等,农业合作组织都高度发达。在其农业产业集群发展过程中,功能完善的农业合作组织都发挥着极为重要的作用。以美国农业合作组织的建设为例,一方面,农业合作组织为农业产业集群内每一个企业提供生产所需要的基础设施、提供农业优惠融资和贷款、传递农业市场价格波动信息、提供农业气候灾害预警服务、推广和应用现代化低碳技术、引导企业现代化运用等;另一方面,合作组织为集群内企业培训合格的农业雇佣人员及高级现代农业技术人才,提供销售农副产品的全天候服务市场信息,提供农业信贷金融服务支持,建立农产品市场价格波动缓冲基金等制度保障服务。美国已经建立起遍布全国各地近5万个农业合作组织网络体系。而且,为进一步促进农业产业集群内中小企业建立农业合作组织,政府还出台了包括融资、贷款、人才、税收等方面的优惠政策(黄福江等,2015)。

4.5　本章小结

农产品和工业品一样,也可以通过相关企业在空间集聚,产生集聚效应,从而形成强大的竞争力。国外农业产业集群发展,为我们提供了难得的借鉴。在新的全球分工体系下,我们要借鉴发达国家资源组织的新方式,进行区域战略结构调整,发挥农业区域特色专业生产区的优势,优化农业区域布局。在一定的区域内通过实施产业集群战略,结合各地的资源禀赋优势,进行特色化和专业化生产,不断提高产品的质量和档次,进而形成有竞争力的特色品牌。

5 潜江市小龙虾产业集群现状及演进路径

潜江市地处江汉平原,位于湖北省中南部,素来被誉为"水乡园林""鱼米之乡"。20 世纪 90 年代,潜江市小龙虾产业开始崭露头角。经过 20 多年的发展,小龙虾产业集群形成了包括苗种繁育、生态养殖、加工出口、餐饮服务、冷链物流、精深加工等在内的完整产业链,成为当地农村乃至潜江市经济的支柱产业。从 2002 年开始,潜江市小龙虾的养殖规模、加工、出口创汇能力连续多年居全国第一。2010 年 5 月,湖北省潜江市被评定为"中国小龙虾之乡"。2012 年,经国家工商总局商标局认定,"潜江市小龙虾"荣获中国国家地理标志证明商标,因此有"世界小龙虾看中国,中国小龙虾看湖北,湖北小龙虾看潜江"之说。

在本章中,首先从自然地理、经济区位等视角介绍潜江市的基本情况,并在此基础上,分别从小龙虾产业的规模、空间分布、主要产品、生产服务网络等角度,对潜江市小龙虾产业集群现状进行描述。最后,运用产业生命周期理论,根据实地调研数据,将潜江市小龙虾产业集群的发展过程划分为萌芽、形成以及成熟三个阶段,并对每个阶段的主要特征和影响因素进行深入的分析。

据相关政府部门统计,2013 年,潜江市从事小龙虾苗种繁育、养殖、加工生产、餐饮、运输销售、中介等行业的人数达 6 万以上,小龙虾养殖面积达到 23 万亩,年产量约为 3.2 万吨,产值为 9.6 亿元,加工小龙虾成品 2.47 万吨。而小龙虾系列产品出口美国、欧盟、日本等 30 多个国家和地区,出口创汇达 1.5 亿美元,分别占湖北省和全国小龙虾出口额的 63% 和 34%。2013 年小龙虾产业综合产值达 65 亿元,全市农民人均增收 400 元以上,为全市农村居民人均纯收入迈过万元大关立下头功。

小龙虾,这个最初被农民视为破坏农田和水利设施等农业生产的"天敌",潜江市是如何将其"变敌为友",进而将小龙虾产业通过集群战略,发展成为地方特色优势产业,并因此获得"中国小龙虾之乡"的美誉的呢? 本章将根据大量的调研数据和材料,对潜江市小龙虾产业集群的现状及发展演进进行简要的梳理,力图剖析潜江市小龙虾产业集群发展的内在动力机制,为后文探索政府、企业和当地力量在产业集群形成和发展过程中的角色定位打下基础。

5.1　潜江市基本情况

5.1.1　自然地理概况

1.地理位置

潜江市位于湖北省中南部江汉平原腹地,介于东经 112°29′~113°01′、北纬 30°04′~30°29′之间,总面积 2004 平方千米,2014 年统计总户籍人口为 102.14 万人。潜江市北隔汉江与天门为邻,南隔长江与江陵、监利相望,东连仙桃,西接荆州,汉江自西向东奔流,东荆河从汉江分流向南贯穿全境,流经北面的汉江,建有 2 个港口。宜黄(沪蓉)高速、318 国道横穿东西,潜监和襄岳两条省级公路纵贯南北。潜江市处于江汉平原腹地,境内地势平坦,雨量充沛,气候宜人,素来以"水乡园林"著称。潜江历史悠久,文化灿烂,自然资源得天独厚,科技实力雄厚,近年来经济取得了巨大的发展。

2.地形地貌

潜江市全境地面高程在水平面 30.40~32.40 米之间,由东北向西南微倾,沿汉江、东荆河地势较高。2014 年,全境耕地占 64.6%,林地占 2.3%,居民点及工矿、交通用地占14.6%,水域占18.4%,未利用地仅占 0.1%。潜江市属汉江冲积平原区,北有汉江、东有东荆河,区内水系发达,河渠纵横,地表水资源丰富。

3.气候资源

潜江市属亚热带季风气候,雨热同季,四季分明,雨量充沛,光照充足,气候温和,无霜期长,适合粮、棉花、油料作物生长。这为潜江市农业发展提供了优越的气候条件。

近 3 年来潜江市年平均气温约为 16.1℃,最高气温 37.9℃,高温通常出现在七八月份,最低温度–16℃,低温常出现在 12 月到来年 1 月,年降水量约为 1024.8 毫米,相对湿度约为 7.8%。无霜期约 255 天,一般初霜期在 11 月下旬,终霜期在 3 月中旬,年均日照时数为 1954～1988 小时。这些优越的气候条件,为小龙虾产业的发展提供了良好的自然资源环境。

5.1.2 经济区位概况

1.经济概况

2013 年潜江市地区生产总值达到 492.7 亿元,同比增长17.3%。其中三次产业分别实现增加值 65 亿元、290.9 亿元、136.7 亿元,同比增长 4.8%、12.8%、10.1%。全市具有较完善的工农业体系,已形成以油气开采、冶金机械、纺织服装、化工医药、农副产品加工为支柱的五大支柱产业的工业体系,以粮食、棉花、油料、畜禽、水产为代表的农业体系,而其中水产主要构成则为小龙虾产业。2013 年农民人均纯收入突破万元大关,达到10016.7 元,比上年增长 14.0%,全市农业、农村经济保持着稳步发展的良好势头。

2.区位发展

潜江市东通武汉,南连监利,西邻荆州,北接荆门,隔汉江与天门相望;沪蓉高速公路与 318 国道横贯全境,沪汉蓉高铁横贯东西;汉江自西向东奔流,东荆河从汉江分流向南贯穿全境,是高速公路、铁路、水运等交通方式齐备的城市。

潜江市位于武汉"1+8"城市圈的西缘,是武汉城市圈建设的重要组成部分,在未来经济发展中有着巨大的潜力和广阔的前景。但是就区位优势和交通可达性而言,由于距离城市圈中心城市武汉相对较远(图5-1),所以与中心城市及邻近区域的空间联系紧密程度位于城市圈其他各县市的中下水平,就长远发展来看,潜江市需进一步加强其周边交通网络基础设施的建设。

图 5-1　潜江市在武汉"1+8"城市圈中的区位

5.2　潜江市小龙虾产业集群现状

所谓农业产业集群,是指农业产业范围内,在地理空间上相对集中的农户、企业、政府、资源设施、组织机构、市场等要素通过相互替代或者相互补充等方式协同发展,产生交易费用降低、规模经济、外部范围经济、知识技能快速流动等集聚效应,形成相互联系的有机群体。农业产业集群是农业、农村经济发展的重要产业组织形式,是现代农业建设方向之一,对促进国家和地区经济的增长具有重大意义。

5.2.1 产业规模

经过二十多年的发展,小龙虾产业已经成为潜江市的支柱产业。2013 年全市小龙虾稻田养殖面积 23 万亩,龙虾产量 3.2 万吨,优质稻米 13.8 万吨,产值 13.5 亿元,占全市农业产值的 12.4%,每亩平均收益 5400 元,已经成为农民增收的主要来源。全市已发展了华山(全国投资规模最大的甲壳素深加工企业)、莱克(全国最大的小龙虾加工企业)、禾亿、星发、宝龙、昌贵等 12 家国家级湖北省水产品加工龙头企业,固定资产达 5.6 亿元,年加工产量达到 16 万吨,并初步建成熊口水产园、后湖水产园、浩口水产园 3 个具有代表性的水产品加工工业园。与此同时,小龙虾餐饮业也在不断地发展壮大,全市有小龙虾特色餐饮店 1000 余家,每日可容纳食客数万人,每年餐饮营业额突破 2 亿元。

5.2.2 地域分布

随着 2009 年 5 月首届"潜江龙虾节"的主办,2012 年"潜江龙虾"地理标志证明商标在国家工商总局注册成功,2013 年"潜江龙虾"获得国家农业部农产品地理标志认证。潜江市小龙虾被越来越多的人所了解,呈现供不应求的现象,加之政府的引导和鼓励,全市小龙虾养殖规模在不断扩大。到 2014 年,全市共有 18 个乡镇进行小龙虾养殖,养殖区域主要集中在积玉口、龙湾、张金、渔洋、浩口等乡镇。

在调研过程中,由于 2014 年乡镇层面的详细数据还没有进行统计,截至调研结束时仅取得 2011 年乡镇层面的相关数据,由表 5-1 可以看出,2011 年这五个主要养殖区域的养殖产量占全市小龙虾养殖产量的 81.16%。

潜江市连续多年成为"中国小龙虾加工出口第一市",加工出口是整个小龙虾产业集群发展的一个重要环节。目前小龙虾加工企业主要分布在浩口、熊口、龙湾和后湖这四个乡镇,整体来看,与小龙虾养殖分布的主要区域相吻合,即深加工企业主要布局于小龙虾养殖集中的乡镇。其中华山水产、莱克集团先后于 2008 年、2012 年被评选为农业产业化国家重点龙头企业,并在整个产业集群的发展过程中起着巨大的带动作用,推动了产业集群的转型升级。潜江市水产品加工企业布局见图5-2。

表5-1　2011年潜江市各主要乡镇小龙虾养殖概况

乡　镇	养殖产量／吨	百分比／%	累计百分比／%
积玉口	5070	27.16	27.16
龙湾	4700	25.18	52.34
张金	2375	12.72	65.06
渔洋	1505	8.06	73.13
浩口	1500	8.04	81.16
老新	800	4.29	85.45
后湖管理区	700	3.75	89.20
熊口	345	1.85	91.05
运粮湖管理区	334	1.79	92.84
西大垸管理区	300	1.61	94.45
其他	198	1.06	95.51
总口管理区	177	0.95	96.46
高石碑	140	0.75	97.21
园林	136	0.73	97.94
竹根滩	107	0.57	98.51
杨市	100	0.54	99.05
王场	80	0.43	99.48
周矶	78	0.42	99.90
高场原种场	21	0.11	100.00
泽口	0	0.00	100.00
周矶管理区	0	0.00	100.00
熊口管理区	0	0.00	100.00
合计	18666	100.00	

资料来源:根据潜江市统计局和水产局相关资料整理而来。

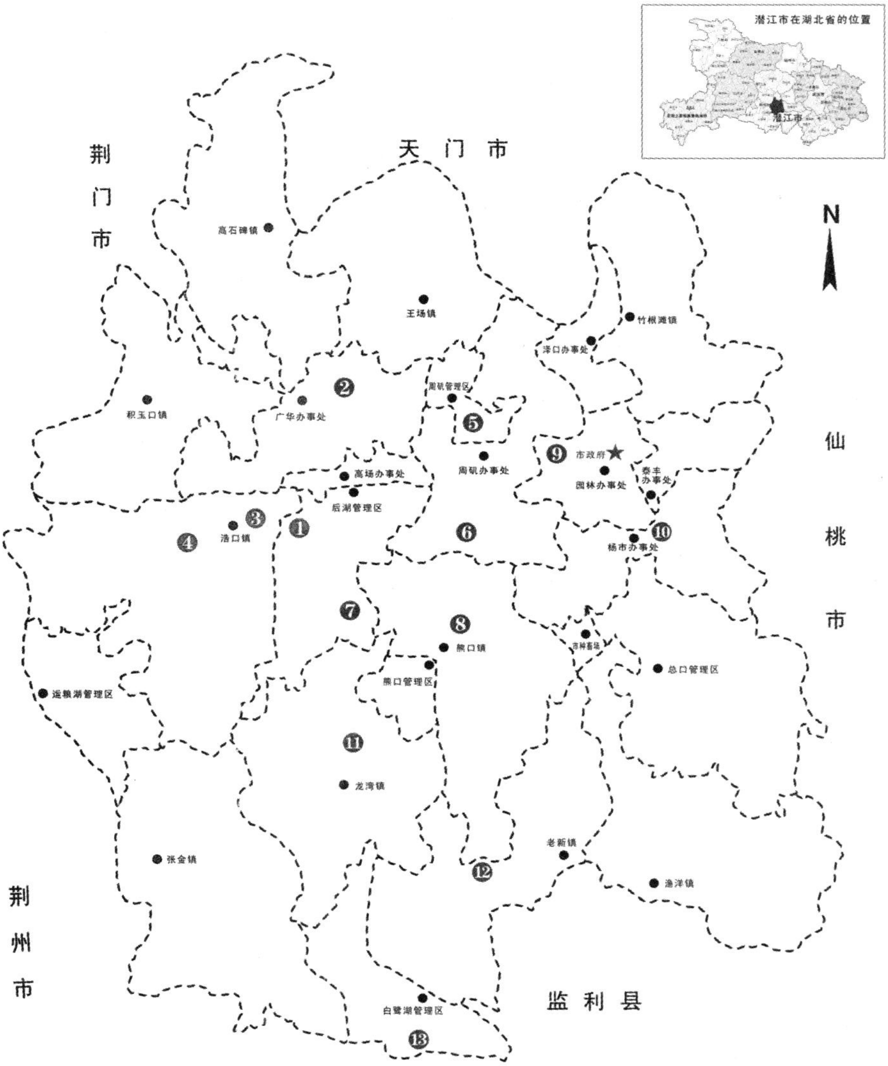

❶ 潜江市宝龙水产食品有限公司　❷ 潜江市鱼满仓水产公司
❸ 潜江市莱克水产食品股份有限公司　❹ 潜江市禾亿水产食品有限公司
❺ 湖北尝香思食品股份有限公司　❻ 潜江市利荣集团公司
❼ 潜江市星发水产食品有限公司　❽ 潜江市华山水产食品有限公司
❾ 湖北莱克集团公司　❿ 湖北多优多水产食品有限公司
⓫ 潜江市昌贵水产食品有限公司　⓬ 潜江市柳五水产食品有限公司
⓭ 潜江市佳佳水产食品有限公司

图 5-2　潜江市水产品加工企业布局

资料来源：根据潜江市水产局相关资料整理。

5.2.3 主要产品

从农产品产业链的视角分析,潜江市小龙虾产业集群的产品主要包括两大类:原料虾及下游加工产品,其中下游加工产品又可以进一步细分为冷冻品、助剂及添加剂类和医药用品,具体内容见表 5-2。其中,鲜、活品的主要消费去向为本地、湖北省尤其是武汉市,以及全国各地小龙虾餐饮市场,年消费量占整个小龙虾产量的绝大多数,其广阔的市场需求是小龙虾集群得以迅速发展的强大动力之一。而近年来,随着加工企业规模的扩大及整体实力的日益加强,其技术研发力度的投入在不断扩大,再加上对小龙虾产品高附加值的持续追求,潜江市小龙虾的加工产品比重在逐年加大,其对外出口量也在逐年增加。

表 5-2　潜江市小龙虾产业集群主要产品类型

产品分类	产品名称	说　明
鲜、活品	小龙虾	主要去向为本地及外地餐饮市场
冷冻品	虾仁、整肢虾、虾尾	主要销往美国、欧盟和日本的海外市场
助剂及添加剂类	甲壳素系列产品	壳聚糖、氨基葡萄糖盐酸盐、钾盐、钠盐、高密度壳聚糖
医药用品	甲壳素高附加值产品	壳聚糖片剂、氨基葡萄糖盐酸盐片剂

注:水产及水产加工品分类标准参照《全国工农业产品(商品、物资)分类与代码》(GB/T 7635—1987)。

5.2.4 生产服务网络

目前,潜江市小龙虾产业集群已经发展成为一个具有比较完整的上、中、下游和相关辅助、配套产业的分工与合作的生产服务网络,产业链之间的关系如图 5-3 所示。

目前,在潜江市小龙虾产业集群网络关系中,产前环节主要包括生产资料供应以及苗种供应,产中环节主要涉及养殖等环节的行为主体,小龙虾养殖的主体主要有养殖户、龙头企业以及养殖合作社,产后环节即小龙

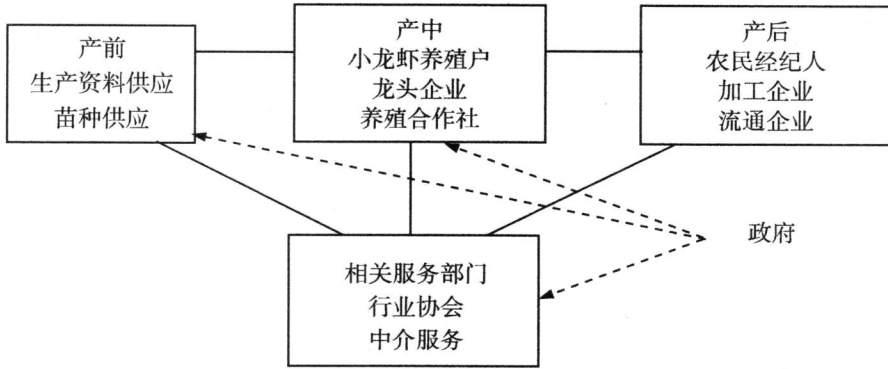

图 5-3 潜江市小龙虾产业集群网络关系

虾的销售和流通,其主体主要包括农民经纪人、加工企业及流通企业。此外,各类行业协会、中介服务组织及金融服务机构等相关服务部门为小龙虾生产的各个环节提供相应服务与支持。政府则通过基础设施建设、政策法规的制定、市场管理等手段为各个主体创造良好的产业发展环境。

5.3 潜江市小龙虾产业集群发展动态演进

产业集群能够在某个特定的区域形成,并得到较为长远的发展,这是一个动态演进的过程,具有十分明显的阶段性特征。在最初人们普遍将小龙虾视为破坏农田和水利设施的害虫的情况下,潜江市实现了小龙虾的野生寄养,并逐渐发展形成包含苗种繁育、生态养殖、加工出口、餐饮服务、冷链物流、精深加工等多个环节的完整产业链,最终将小龙虾产业培育成为具有当地资源特色的支柱产业,并且带动了相关和支持性产业的发展和壮大。

本部分运用产业生命周期理论,结合实地调研的数据和资料,并参考相关专家的意见,发现潜江市小龙虾产业集群目前处于产业集群发展的成熟阶段。根据产业生命周期各阶段的发展特性,结合潜江市小龙虾产业发展的现实,将潜江市小龙虾产业集群的发展过程划分为萌芽阶段(2001—2005 年)、形成阶段(2005—2008 年)和成熟阶段(2008 年至今)。接下来根据实地调研获取的资料和数据,分别对这些阶段的主要特征和影响因素进行深入的分析。

5.3.1 萌芽阶段

在萌芽阶段,潜江市小龙虾产业集群的最初形态体现在三个方面:

首先,小龙虾野生寄养的"虾稻连作"模式探索成功,小龙虾养殖在一定区域内兴起并得到推广。在此之前,小龙虾因为具有超强的掘洞能力而对农田和江湖堤坝有着极大的破坏性,以及给农作物尤其是水稻种植带来减产,一直被农民视为害虫。2001 年以前,潜江市小龙虾一直处于野生状态,一般年产量只有 5 万吨左右。2001 年,潜江市积玉口镇宝湾村的农民刘主权在低湖田尝试"虾稻连作"取得成功,实现了钱粮双收,也打破了稻田不能养虾的传统。在这个利好局面的带动下,当地农民纷纷效仿,开展小龙虾野生寄养。小龙虾养殖业得到初步发展,农业产业集群得以形成的资源要素有了保障。

其次,个别小龙虾加工企业的初始创建及发展。2001 年,本地创业家漆雕良仁在外积累相关经验后,回到家乡熊口镇注册成立了华山水产公司,开始经营小龙虾加工出口的相关业务。随后本地企业莱克水产、外来企业宝龙水产等一批水产加工企业依次跟进,进一步带动和促进了小龙虾养殖业的发展。这个阶段单个水产企业虽然已经具有了一定的营利能力和市场竞争力,但是由于企业之间缺乏相互联系和影响,未能形成发展合力,因此产业集群整体的区域竞争力并未形成。尽管如此,农业产业集群形成所必备的企业集群已经开始出现。

最后,小龙虾餐饮企业的萌芽和发展。这同样得益于当地创业者敏锐的市场发掘能力。2001 年,潜江市五七集市的个体餐馆老板李代云率先开创了"小李子油焖大虾"的招牌,并且获得极大的成功,为当地小龙虾餐饮市场的发展创造了一个良好的开端。

在萌芽阶段,由于小龙虾产业集群内并未形成具有带动作用的龙头企业,并且缺乏协会、专业合作社等农民专业经济合作组织的规范和带动,整个产业集群组织还无法形成紧密的产业链条,潜江市小龙虾产业集群仅仅处于萌芽期,其市场影响力较小。总体而言,在小龙虾产业集群的萌芽阶段,产业集群竞争优势并未得到体现。

综合来看,考察小龙虾产业集群得以在潜江市萌芽兴起的原因,主要有以下三点:

首先,当地拥有规模养殖小龙虾的丰富自然资源,为小龙虾的规模化养殖提供了良好的自然环境。

其次,农户的创新思维以及当地企业家的企业家精神。正是因为有当地农民在小龙虾养殖模式上的创新,才使得潜江市成为全国"虾稻连作"的发源地。另外,当地企业家能够准确分析市场需求和形势,把握市场机遇,积极开展小龙虾的加工出口业务,延伸了小龙虾产业链,为小龙虾产业集群的形成打下了坚实的基础。从某种程度来看,在农业产业集群形成过程中,相对于本地资源的"物"的要素,富于开拓创新精神的农民、企业家等"人"的要素更为重要。

最后,市场需求的带动。相对于工业产业集群而言,由于农产品的独特性质,农业产业集群的形成和发展对市场的依赖性更加明显。潜江市最初的小龙虾市场主要是满足本地餐饮市场的需求。随着政府和企业的营销方式及手段的不断创新,外部市场对于原料和加工产品的需求日益扩大,这是其产业集群得以发展的市场基础。

5.3.2 形成阶段

潜江市小龙虾产业集群的形成和壮大,除了本地丰富的自然资源以及富有创新精神的农民和企业家的不懈努力外,其与当地政府在政策上的大力扶持和有效引导也密不可分。产业集群的快速发展必然离不开产业集群区域的制度支持,优越的政策条件、便捷的交通运输以及高效的行政运行机制,都使得企业具有快速集聚于该区域的强烈意愿,也能够吸引到更多、更高水平的专业技术人才以及资金的进入,进而促进产业集群的不断成长。

综合来看,潜江市区域内的制度支持主要包括当地政府的各种政策支持(例如针对企业、种养殖大户等的财税优惠政策、融资政策等,以及相应的基础公共设施的建设、相关法律法规的制定和完善等)、当地的市场制度建设、市场主体的价值观念和竞争观念的培养等。2003 年,潜江市把发展小龙虾产业纳入到战略层面进行规划,组织专业人员先后到江苏、安徽、江西、浙江等地全面考察小龙虾的养殖情况,深入田间地头和虾农一起探索"虾稻连作"种养技术。经过 3 年的探索,潜江市在全国率先探索出一整套"虾稻连作,种养互生"模式,并科学地总结出了"克氏原鳌虾与中稻轮作技术"这项具有潜江市特色的"虾稻连作"模式,受到了湖北省委、湖北省政府的高度关注。2006 年,湖北省委把"虾稻连作"模式写进了省委的一号文件,在湖北全省推广。短短几年,全省"虾稻连作"面积突破 13.34 万公顷,潜江市的稻田养虾也由 2002 年的几十公顷迅速发展到 2009 年的 18 万公顷。在整体养殖规模快速扩大的同时,与小龙虾相关的餐饮业的发展也如火如荼。整个小龙虾产业链条不断延伸,产业开始进入快速发展阶段。

与此同时,在小龙虾产业集群的形成阶段,还出现了另一个重要特征,即随着市场竞争的不断深入,集群内劳动分工开始出现,种养殖户之间、企业之间,以及种养殖户与企业主等各种主体之间的相互交流和影响也更为突出,各主体间的社会网络开始形成并不断强化,小龙虾的产业链逐步形成并趋于完善。而且得益于区域产业的不断发展,政府作为产业集群形成和发展的重要主体之一,对小龙虾产业的发展也愈加重视,区域内的产业环境和基础公共设施等开始受到更多关注并取得了迅速发展。

综上所述,在潜江市小龙虾产业集群的形成阶段,已初步形成了"苗种繁育、野生寄养、餐饮服务、生产加工"的产业链条,小龙虾产业化的整体优势逐渐凸显,产业集群的竞争力和知名度都得到一定的提升。

5.3.3　成熟阶段

目前潜江市小龙虾产业集群已经进入了成熟阶段,在考察中发现,在该阶段,产业集群继续发展的核心动力来自于本地力量的壮大和带动。

在华山水产、莱克集团等众多本地龙头企业的带动下,苗种繁育和精深加工均取得了较快的发展,使得产业链不断向纵向延伸。在这期间,得益于政府持续制定的鼓励政策,众多本地专业协会和农民专业合作社纷纷成立,从而进一步强化了本地产业化经营组织。到 2014 年,潜江市已成立了水产品产销协会、荆楚渔业合作社、龙虾养殖协会等 17 家水产品中介服务组织,并且覆盖全市各镇,为小龙虾的种苗供应、技术指导、生产销售提供了极大的便利。

在这个阶段,小龙虾产业集群内的龙头企业在生产技术创新方面有了较大的发展。2007 年,华山水产公司以武汉大学等单位为依托成立了全国首个甲壳素工程技术中心,按年销售收入的 5%～10%拨给中心作为研发经费,并与武大共建博士后工作站,加强技术指导。同年,华山水产公司开发的"甲壳素深加工——氨基葡萄糖盐酸盐加工技术"也被认定为湖北省重大科学技术成果。

2009 年 4 月,第一期甲壳素深加工项目建成投产,成为全国第一家生产甲壳素的企业,其产品全部出口。2009 年 11 月,为抢抓机遇,华山决定上二期项目,投资 4.15 亿元,占地 300 亩,新建氨盐、壳聚糖、壳寡糖等甲壳素衍生物生产车间、保健品 GMP 生产车间、研发中心、辅助设施等,使年处理废弃虾壳与虾鱼加工能力达到 10 万吨。项目全部建成投产后,可以解决湖北 60%的废弃虾壳问题,年生产虾 3400 吨,鱼片 6000 吨,甲壳素 4000 吨,氨基葡萄糖盐酸盐、N-乙酰-D-氨基葡萄糖、壳聚糖、高密度壳聚糖、壳寡糖、蛋白质、虾青素等高附加值产品 3500 吨,销售收入突破 20 亿元,可新增就业岗位 1500 个,带动 10 万"虾稻连作"农户。

2008 年中央财政现代农业生产发展资金支持的湖北省小龙虾工厂化繁育基地重点建设项目落户莱克水产,新建小龙虾繁育车间 2300 平方米、小龙虾孵化水泥池 3800 平方米,改建小龙虾繁育、养殖一体池 200 亩。到 2009 年,该项目已经成功产出优质虾苗 1 亿尾,创产值 2000 万元,并且在三年内实现年孵化优质虾苗 5 亿尾,以此满足 40 万亩稻田养虾需求,该项目有力地推动了潜江市乃至全省龙虾产业的持续繁荣和发展。此外,从 2009 年潜江市举办首届"潜江市龙虾节"开始,以后每年该活动都会举办,且影响力和规模都在不断扩大,成功带动了区域文化的发展,极大地提高了潜江市小龙虾产业在国内外的知名度。2010年,由潜江市水产局的总工程师陶忠虎带头,通过实践和探索,在"虾稻连作"的基础上加以完善而提出的"虾稻共作"模式试验成功,并且实现初步推广,极大促进了当地小龙虾产业的进一步发展。

在成熟阶段,潜江市小龙虾产业集群已经形成了包括苗种繁育、生态养殖、加工出口、餐饮服务、冷链物流、精深加工的完整产业链,成为潜江市地区农业经济发展的支柱产业、地方经济的一个特色产业。此时小龙虾产业集群已经发展成熟,其市场竞争力和市场占有率都达到很高水平。

5.4　本章小结

在潜江市小龙虾产业集群的发展过程中,除了依赖当地丰富的自然资源和便捷的交通区位条件外,政府、企业、农户、相关支持产业等各个主体也都在这一过程中起着重要的作用,并且在产业集群发展的不同阶段,各个主体对产业集群的作用程度不一样,每个阶段起主要作用的影响因素也有所不同。

在小龙虾产业集群的萌芽阶段,对产业集群发展起主要作用的是当地农户的创新思维及企业家的企业家精神。一方面,农户的创新思维开创了"虾稻连作"的小龙虾寄养模式,使得规模性的小龙虾野生寄养成为可能,并且在全市范围内得到了广泛的推广;另一方面,本地企业家具备良好的企业家开拓精神,准确地把握住了市场机遇,不仅丰富了小龙虾餐饮市场,借此提升了产业和区域的知名度,并且积极开展小龙虾加工出口业务,进而带动和刺激了小龙虾养殖规模的进一步扩大。

在小龙虾产业集群的形成阶段,对产业集群发展起主要作用的是当地政府在财税扶持政策、融资支持、基础公共设施的建设、市场的建设和管理等多个方面对产业发展的扶持与引导。这些措施能够调动农民养殖小龙虾的积极性;促使企业扩大生产规模、增加研发投入从而提高其市场竞争力和延伸产业链;吸引相关产业和支持性产业进入,以便形成发展合力,提升小龙虾产业集群的整体竞争力。

　　在小龙虾产业集群的成熟阶段,对产业集群发展起主导作用的是当地龙头企业,以及农民专业合作、专业经济组织等本地力量。在这个阶段,产业集群已经形成了较为完善的产业链。应对愈发激烈的市场竞争,促进产业的升级是集群发展的关键。对于加工企业来说,龙头企业通过企业规模扩大、生产技术创新、经营管理模式创新、区域品牌创建,能够带动中小企业的发展,纵向和横向延伸产业链,实现产业升级。对于餐饮企业来说,增加产品种类来满足不同地区消费者的多样化需求是实现自身突破、应对激烈的市场竞争、扩大市场占有率的主要战略。农民专业合作经济组织的组建及规范运作,也为产业集群朝着良性方向发展提供了进一步的保障。

6 潜江市小龙虾产业集群竞争力评价

农业产业集群是农村经济发展的重要产业组织形式,是现代农业建设的核心方向之一,对促进国家和地区经济的发展具有重大意义。近年来,农业产业集群越来越受到关注,关键就在于其具有很强的持续竞争力。一般来说,当某一地区的农业产业集群形成时,无论是在最终产品、生产技术、上游供应方面,还是在品牌价值等方面都具有一定的竞争实力。这种持续的集群竞争力不仅表现为高市场占有率,而且还体现在增长速度、生产率、结构转换和创新能力等诸多方面。农业产业集群持续竞争力源泉的竞争优势,主要表现在两个方面:通过集群内企业间的合作竞争以及群体协同效应,获得如生产成本、基于质量基础的产品差别化、市场等诸多经济方面的竞争优势;通过支撑机构和企业间的相互作用,形成区域创新系统,提升整个集群的创新能力①。

在本章中,将根据实地调研的数据和资料,采用结构方程模型,对潜江市小龙虾产业集群的竞争力进行测度。

美国、日本、荷兰等农业发达国家的农业产业集群实践,已经造就了强大的农业竞争优势,而当前中国特有的农村土地产权制度、统分结合的

---

① 不同学者对于后一种集群竞争优势来源的看法有所差别:马歇尔(1890)更强调外部经济的重要性;韦伯(1909)将其归结为集聚经济;克鲁格曼(2000)认为是报酬递增、运输成本和需求交互作用的结果;波特(2002)在其钻石模型中,强调需求条件、关联与支持性产业、因子条件、企业竞争与战略密切配合等的重要性。

双层经营农业体制等因素,对现代农业产业集群的成长和健康发展,以及对竞争力的提升提出了严峻的挑战。因此,如何在当前中国基本的农村土地制度和农业发展环境前提下,深入分析影响农业产业集群竞争力的主要因素,进而对农业产业集群竞争力进行测度与评价,对于相关职能部门和企业制定有效的发展现代农业政策,从而提高农业经济效益、增加农民收入、推动农村经济发展等,显得尤为重要。

本章主要是对潜江市小龙虾产业集群的竞争力进行测度和评价,接下来的框架安排如下:首先,对国内外农业产业集群竞争力的研究文献进行简要的梳理,接下来在对实证研究的结构方程方法原理进行简要介绍的基础上,对相关的指标体系和潜变量进行构建、设计,并提出待检验的研究假设;其次,介绍调查问卷的设计、指标体系的构建、数据的来源及处理,并对调查数据的信度和效度进行检验;再次,根据调研的数据,对模型进行拟合和评价;最后,是基本结论及建议。

6.1 文献综述

通常,产业集群一旦形成,就能够通过诸如降低成本、刺激创新、提高效率、加强竞争等多种途径,形成集群竞争力。不仅如此,产业集群还能够改善创新条件,加速生产率的提高,使其有利于新企业的产生(波特,2002)。研究产业集群竞争力对于提升集群内企业、区域乃至整个国家的竞争力都有极为重要的作用。国内外现有研究十分庞杂,目前对产业集群竞争力还没有形成较为明确、统一的概念。综合现有文献,对产业集群竞争力的分析主要从以下三个角度展开:

1."因素"角度

以迈克尔·波特(1998)的"钻石模型"为代表,"因素"角度观点认为决定集群整体竞争力的是6个相互关联的因素(即要素条件,需求条件,相关产业和支持产业,企业战略、结构和竞争,机遇,政府等)。提姆·帕德莫等(1998)在波特的钻石模型的基础上提出了 GEM 模型,确定了影响产业集群的三组因素,即基础(Groundings,包括资源、设施两大因素)、企业(Enterprises,包括供应商和相关辅助行业,公司的结构、战略和竞争两大因素)、市场(Markets,包括本地市场、外地市场两大因素)。综合来看,"因素"角度观点认为各因素的质量水平决定了产业集群竞争力的强弱,其强调的是质量导向。

2."结构"角度

即从结构的观点界定产业集群,结构可以被分为横向结构和纵向结构。横向结构观点的代表人物 Ahuja(2000)认为,产业集群内部各企业间存在着诸如生产、销售、市场、技术、信息、基础设施等众多"硬件"方面的关联,同时还存在基于声誉、信用、相互依存和利他行为等"软件"方面的竞合关联。从这两个方面看,产业集群属于经济属性、社会属性和自学习属性的网络组织。而纵向结构观点的代表人物 Meyer Stamer(2003)则将产业集群竞争力扩展为 4 个层次:微观层次的竞争力来源于地域分工、知识共享、交易、创新、协同等机制的作用;中观层次的竞争力则主要来源于协同机制、政府行为机制、外部竞争机制的作用;宏观层次的竞争力来源于激发动力机制的作用,如政府行为;而兆观层次的竞争力则主要来源于区域品牌机制、外部竞争力机制的作用。这种观点强调产业集群的关系导向和产业集群竞争力由内到外、由低级到高级变化的动态过程。

3."能力"角度

Lynn 等(2000)认为产业集群竞争力即为集群的能力,主要体现为集群的创新能力;Pekka(2004)则强调从集群提高生产率和创新绩效、发挥正的专业化效应、推动正的外部性和知识溢出、增强企业间协调作用、占有全球市场份额等五个方面的能力来理解产业集群竞争力;孙钰等(2006)综合很多文献观点后认为,能力是指集群内企业和组织在社会网络体系中对知识积累、学习能力、社会网络、协调能力、创新能力的有机整合能力。而整合的对象包括信息、知识、技术、资金、经验、关系、文化等要素;整合的主体为企业、中介机构、研究机构、大学、政府等;整合的动力是互为利益和发展目标的地缘共同体;整合的链条是产业内的深度分工和合作;整合的绩效则取决于集群内各主体间的协同能力。

综合来看,产业集群竞争力反映的是产业集群的综合实力,上述3个考察角度为分析产业集群提供了参考。其中,"因素"角度可以分析各集群的主要因素的发展情况,反映集群发展所面临的经济社会形势;而"结构"角度可以反映产业集群之间的关联程度;"能力"角度则可以考察各产业集群的功能导向能力,体现产业集群持续发展的能力。

随着对产业集群竞争力概念及内涵探讨的深入,当前对产业集群竞争力测度与评价的相关研究已成了一个较新的领域,已有的研究经历了从定性描述向定量测度的发展过程,考察的测度指标和影响因素也在逐步细化,对影响集群竞争力各因素之间关系的分析也日渐复杂。当前的研究趋势体现在两个方面:一是通过规范分析,解析产业集群的竞争优势;二是构建测度和评价产业集群竞争力的模型,通过统计数据进行定量分析。

与产业集群竞争力相同,对农业产业集群竞争力的测度与评价的相关研究也较晚,基本是进入21世纪后才开始。根据产业集群相关理论及国际经合组织(OECD)的研究成果,农业产业集群是指在一定区域内,基于具有区位优势的农业资源,以农业生产基地为中心,大量有产业关联的企业和相关支撑机构(如政府组织、协会、科研机构、大学、咨询中心等),由于共性或互补性而在空间上集中,为推进农村经济发展而形成的集合体(李菁等,2014)。其研究主题无论是理论基础,还是实证方法都比较欠缺。综合来看,其研究思路主要还是参照迈克尔·波特(1990)的竞争优势基本理论和方法,从两个方面展开:

一是从规范的、定性的角度,对构成农业产业集群竞争力优势的因素进行解构,并分析影响其竞争力的各组成因素之间的相互关系,进而对农业产业集群竞争力进行总体评价。如Feser(2001)根据农业产业集群发展的基本规律,结合文献对农业产业集群竞争力各要素的考察,综合考虑影响农业产业集群竞争力的各个因素,从中选择农业产业集群生命周期、集群空间区位条件、集群与其他相关产业及配套设施等要素的关联关系这3个核心要素,通过对要素与产业集群竞争力的内在关系及各要素相互关联效应的规范分析,对农业产业集群竞争力评价进行了探索;蒲佐毅、龚新蜀(2009)在"钻石模型"分析范式的基础上,以新疆乳业产业集群为例,按照钻石模型的基本分析思路,分别从"生产要素""需求条件""企业战略、结构与竞争""相关产业与支持性产业""机遇""政府"等6个因素层面,对新疆乳业产业集群的各要素条件进行了逐一分析,得出了各要素竞争条件的优劣,并提出了相应的对策建议。但综合来看,这种基于"因素"角度的研究方法只是简单地对几个关键要素(常用的研究是借用波特"钻石模型"的六大要素)进行了简单的罗列,而对于各要素之间的相互内在关联,以及各要素相互作用所体现出的综合竞争能力及优势,则没有也无法做进一步的分析。这也是当前采用该方法,对农业产业集群竞争力进行定性分析所存在的主要问题。

二是通过构建农业产业集群竞争力评价理论模型,在此基础上设计相应的评价指标体系,通过收集指标体系中各项指标的相关数据,进行定量演算分析,在实证分析的基础上对集群竞争力进行评价。提姆·帕德莫等(1998)根据多年研究产业集群的经验,对波特"钻石模型"进行了一定的改进,提出了著名的分析产业集群竞争力的"基础-企业-市场"模型,即GEM模型。在该模型的基础上,国内学者时延鑫、李翠霞(2009)和郭欣旺(2011)等,从资源、设施、供应商与相关辅助行业、企业的结构和战略、本地市场和外部市场等6个层面构建了农业产业集群竞争力综合评价递阶层次模型,并应用层次分析法对特定的农业产业集群竞争力进行定量评价。

综合来看,在现有农业产业集群竞争力的相关研究中,由于影响农业产业集群竞争力的因素众多,且各影响因素间关系错综复杂,加之定量数据较少,因此以定性研究居多,少数定量分析也较多采用传统的主成分分析方法、线性回归和GEM等方法,研究结论缺乏可信性,且对影响变量间的相关性考察较弱。因此,本书将采用结构方程模型,以潜江市小龙虾产业集群的相关调研数据为基础,对农业产业集群竞争力评价进行研究。相对于传统的主成分分析、线性回归等现有研究方法,采用结构方程模型

（Structural Equation Modeling，SEM）方法不仅能够更好地分析各考察要素之间，以及要素与竞争力之间错综复杂的关系，更为重要的是，采用该方法还能够同时对不同的因子之间的循环和交叉关系进行系统的考察。

6.2 结构方程模型方法

结构方程模型方法是一种比较新颖的数据分析方法。该方法在20世纪70年代开始出现，到80年代已经比较成熟，近年来被引入国内后迅速被应用在各个研究领域。该方法最大的突破在于发展了潜变量的概念。所谓潜变量，是指那些难以直接测量的变量。用传统的数据分析方法很难准确地对其进行统计，同时，用传统方法也很难同时处理包含多个原因和多个结果的多元关系，而用结构方程模型方法恰恰能够很好地测量潜在变量和处理多元关系。凭借这一优势，结构方程模型方法自出现起便得到迅速发展，并成为最为重要的一种多元统计方法。

6.2.1 SEM 方法原理

在科学研究过程中，有一些变量很难通过直接测量获得，这种现象在社会科学研究中更是十分常见，这种特质对解释这些变量之间的关系带来了一定的困难，而 SEM 可在一定程度上解决这个难题：通过设定难以直接测量的潜变量及每个潜变量的观测变量，利用便于统计分析的观测变量来测量潜变量并研究它们之间的关系。除此之外，结构方程模型方法还整合了传统的统计方法，用该方法能够很好地处理具有多组相互关系的变量结构，尤其善于处理多元因果关系。这在理论和应用方法上都很大程度地弥补了传统方法处理多元关系的缺陷。而这种处理多元关系的能力，也使它能够很好地帮助研究者进行探索性和验证性分析，更好地进行科学研究。

结构方程模型方法是对多种统计方法的整合，传统的回归分析和因子分析都是其分析的一部分,同时,它还可以根据理论的成熟与否来选择进行验证性分析或进行探索性分析。从整体来看,结构方程模型包含结构模型和测量模型两个部分,其中结构模型体现的是变量间的关系,测量模型体现的是变量与指标间的关系。因此,如果我们去掉结构模型只看测量模型,就可将结构方程模型看作是传统的回归分析;而当去掉测量模型只看结构模型时,就可将其看作是传统的因子分析。事实上,无论是结构模型还是测量模型,它们都是结构方程模型的组成部分。当模型的理论基础比较完善时,变量间的关系可以直接用验证性分析来检验;而当模型的理论基础还不成熟时,则可运用探索性分析来确定各变量和各指标之间的相互关系。

6.2.2 SEM 分析步骤

综合现有结构方程研究文献,总体而言,SEM 的分析可以大致分为以下 7 个步骤:

(1)理论分析。结构方程模型是一种验证性因子分析,其变量之间相互关系的建立必须要以理论为基础,并且能够在实践中得到合理的解读,否则就算模型得到了验证,也是没有意义和毫无价值的。

(2)模型构建。模型构建需要完成三项主要工作,首先,确定观测变量和潜变量之间的关系;其次,确定潜变量之间的相互关系;最后,根据自身模型的情况,可以限制指标与因子之间的荷载或者限定因子之间的相关系数。

(3)验证性因子分析。要使模型拟合良好,首先要使模型中各个潜变量与其观测变量间拟合良好。如果拟合得不好,则说明模型所选择的测量该潜变量的观测变量不合适,至少不能有效地反映其与潜变量之间的从属关系。

(4)模型拟合。在模型拟合的过程中,最重要的内容就是解决模型的识别问题,即通过所建构模型中的每一个参数都可以得出唯一的估计值。针对不同的模型有不同的识别判定原则,若模型不能被有效识别,那么,所建构的模型就是失败的。

（5）模型评价。在评价模型时,主要是依据模型的类别,选择合适的参数估计法,常用的方法有最大似然法、一般最小平方法、迭代法等。参数估计之后,需要考察模型与数据之间的拟合优度是否达到了预定的要求。在评价模型时,首先检查模型整体的拟合度,然后分别检查结构模型和测量模型的拟合度。如果这其中任何一个环节的拟合度达不到要求,就要进行模型修正。只有当3个环节的拟合度都达到设定的要求时,才可以进行模型解读。

（6）模型修正。如果在模型评价中,整体模型、结构模型、测量模型中有某一个或几个模型拟合度达不到要求,则要根据拟合分析所得出的结果对模型进行修正,一般的方法是将固定的参数予以释放。在理论允许的前提下,应不断对模型进行修正,直到3个环节的拟合度都满足要求为止。

（7）模型解读。模型解读是对模型模拟后的统计结果进行合理的解读。通过 SEM 得出的参数有非标准化参数和标准化参数两种:非标准化参数与指标度量单位有关,是指维持其他变量为平均数时,一个单位的变量会引起因变量变化的程度;而标准化参数则消除了测量指标单位的影响,可以在模型内各参数之间进行比较,从而发现影响最大的变量。

6.3　研究理论与假设

对产业集群竞争力测度与评价的定性研究,主要集中在筛选和分析影响产业集群竞争力的各个因素,在此基础上综合评价所选择的因素及其相互作用关系的质量水平,进而测度产业集群竞争力的总体水平。因此,在这一过程中,对产业集群竞争力影响因素的选择就显得尤为重要。迈克尔·波特在影响因素的选择及各影响因素间相互关系的分析方面,做出了原创性的贡献。波特（1990）首次从规范的角度对产业集群竞争力进行了分析,构建了包括"生产要素""相关产业和支持性产业""需求条件""企业战略、企业结构和同业竞争"四大关键要素与"政府"和"机会"两大非直接要素所组成的"钻石模型"系统,开创了产业集群竞争力测度与评价的基础性工作,并将"钻石模型"系统进行了广泛的应用。其后,无论是产业集群竞争力评价的规范分析,如 Feser(2001)的产业集群竞争力动态模型,Mitra(2003)的产业集群竞争力多维综合评价模型,还是定量分析,如 Padmore 和 Gibson(1998)有关产业集群竞争力评价的 GEM 模型等,其本质都是在波特"钻石模型"的基础上进行相应的补充和改进。客观地评价,尽管波特"钻石模型"所采用的静态分析方法受到了较多的批评和质疑,但并不影响其在当前产业集群竞争力测度与评价中的广泛应用。

相对于工商业产业集群竞争力研究的深入,对农业产业集群竞争力的测度与评价的相关研究严重滞后,国内外所涉及的研究文献几乎还是空白。在本章中,我们将采用产业集群竞争力测度与评价的主流研究方法,即"钻石模型"的主流分析框架,同时结合农业产业集群的属性,以及潜江市小龙虾产业集群本身的特点,设计潜江市小龙虾产业集群竞争力评价的主要影响因素指标体系,在此基础上结合结构方程分析方法的优点,构建农业产业集群竞争力评价的 SEM 分析框架。

1. 要素条件(X_1)

产业集群的要素条件主要包括人力资源、天然资源、知识资源、资本资源、基础设施等。针对潜江市小龙虾产业集群发展的实际,在要素条件指标中选择 3 个二级指标:当地自然资源 X_{11},表征潜江市小龙虾生产的水质、土壤、地理特征以及气候等要素条件;劳动力资源 X_{12},表征潜江市小龙虾产业发展中劳动力资源的充裕程度,包括劳动力成本、素质等各方面;资本资源 X_{13},表征产业集群发展中资本资源(包括融资、贷款)等方面获取的难易程度。

很显然,优越的要素禀赋条件是农业产业集群形成和健康发展的前提和基础,要素条件对农业产业集群竞争力,以及对相关企业战略、结构与竞争等都有着直接的影响。

假定 1:要素条件对农业产业集群竞争力有正向的影响。

假定 2:要素条件对企业战略、结构与竞争有正向的影响。

2.需求条件(X_2)

需求条件主要是指市场对集群产品的需求,包括本地市场和外地市场(含国外市场),选择 3 个二级指标:本地市场需求 X_{21},表征潜江市小龙虾产业集群地区(除潜江市本地市场外,还包括其周边地区的如武汉、襄阳、荆州等湖北省市场)市场对小龙虾产品的需求;区外的国内需求 X_{22},即除湖北省外,国内所有地区市场对潜江市小龙虾产品的需求;国际市场需求 X_{23},主要包括美国、日本、欧洲等海外市场对潜江市小龙虾产品的进口需求。农产品不易储藏等特点,使得农业产业生产对需求市场的依赖性较强,因此,良好的区内外需求条件是农业产业集群保持竞争力的重要条件之一。

假定 3:需求条件对农业产业集群竞争力有正向的影响。

3.企业战略、结构与竞争(X_3)

它主要是指外部市场需求的拉力,以及内部竞争对手的推力,选择 4 个二级指标:企业规模 X_{31},对潜江市小龙虾加工企业及餐饮企业的数量及规模的考察;企业战略发展规划 X_{32},;企业家精神 X_{33};集群内企业间的良性竞争程度 X_{34}。企业战略是企业应对市场与竞争对手双重挑战的保障,富有针对性和远见的战略规划能够在很大程度上保证企业的快速健康发展。而企业所处的市场组织结构,以及集群内企业间的竞争程度和竞争方式,也同样影响着集群内企业的健康发展,并对整个产业集群竞争力水平起着决定性的作用。

假定 4:企业战略、结构与竞争对农业产业集群竞争力有正向影响。

4.相关产业和支持性产业(X_4)

为了衡量集群产业以及相关的上游企业在市场上是否具有一定的竞争力,选择 4 个二级指标:供应商数量及实力 X_{41},对小龙虾养殖、加工、销售等各个生产环节中提供保障和服务的各个企业的数量和实力进行考察;辅助行业(金融、交通运输等)的专业化程度 X_{42};行业协会的服务水平 X_{43};科研与培训机构的服务水平 X_{44}。产业集群的形成和发展离不开相关产业和支持性产业的发展,其竞争力水平也在很大程度上由相关产业和支持性产业的发展程度所决定。我们认为,相关产业和支持性产业不仅对农业产业集群竞争力有着直接的影响,而且还对需求条件,以及企业战略、结构与竞争有着很强的影响。

假定5:相关产业和支持性产业对农业产业集群竞争力有正向的影响。

假定6:相关产业和支持性产业对需求条件有正向的影响。

假定7:相关产业和支持性产业对企业战略、结构与竞争有正向的影响。

5.政府(X_5)

无论是计划经济主导,还是市场经济占主体地位,在产业集群形成和发展过程中,政府都起着举足轻重的作用。波特(1990)认为政府对产业集群发展的作用主要体现在对四个关键要素的引导和促进。综合国内外的研究文献看,政府行为可以分为三种:为产业集群的发展创造良好的环境条件,包括划拨土地、投入资金、建设基础设施、制定优惠政策等;参与集群管理,制定相关的制度,解决在集群形成和发展过程中的市场失灵和系统失灵等问题;提供金融、生产、创新、教育和培训等服务,创造促进集群和企业良性竞争互动的环境,培育优势集群,加快区域发展。而农业产业集群由于其涉农的本质,政府更应该在集群形成和发展的过程中发挥重要的作用。选择如下4个二级指标:行政制度 X_{51};产业政策 X_{52};财政投入(园区、基础设施建设)X_{53};市场管理 X_{54}。正是因为政府在农业产业集群竞争力中具有重要的作用,我们有如下4个有关政府的假定:

假定8:政府对要素条件有正向影响。

假定9:政府对需求条件有正向影响。

假定10:政府对企业战略、结构与竞争有正向影响。

假定11:政府对相关产业和支持性产业有正向影响。

6.社会历史传统与文化(X_6)

保罗·克鲁格曼(1991)认为,在产业集群形成过程中,社会、历史以及偶然因素起主导作用,而产业集群一旦形成,就会产生"路径依赖",从而完成集群的自我内生强化作用。事实上,即便是"偶然因素",也更多地源于集群地区的历史文化与传统。因此,基于本地特色资源、工艺、传统等的社会历史传统与文化基础,是特色农业产业集群发展的社会基础,增强集群发展的地方人文属性,能够使集群的独特性更明显,从而使得竞争对手无法复制,进而形成独特的核心竞争力。因此,根据潜江市小龙虾产业集群形成和发展过程中的实际情况,选择 3 个二级指标:农户创新思想的活跃程度 X_{61};当地小龙虾养殖技术的累积程度 X_{62};新的技术或信息在农户之间的传播速度 X_{63}。

假定 12:社会历史传统与文化习惯对需求条件有正向影响。

假定 13:社会历史传统与文化习惯对企业战略、结构与竞争有正向影响。

假定 14:社会历史传统与文化习惯对相关产业和支持性产业有正向影响。

7.农业产业集群竞争力(X_7)

本章构建 SEM 模型,旨在实证检验所筛选的要素条件等 7 个一级指标对农业产业集群竞争力做出的贡献,因此,设计农业产业集群竞争力一级指标,并根据潜江市小龙虾产业集群的实际选择 3 个二级指标:"公司+合作社+基地+农户"的经营模式 X_{71};品牌运作创新及品牌认证 X_{72};龙虾节特色产品展销会的宣传力度 X_{73}。

6.4　问卷设计、数据来源及处理

6.4.1　问卷设计

通过阅读大量现有相关文献,并结合潜江市小龙虾产业集群形成和发展的实际,同时为了保证实证测度的有效性,在充分参考、吸收各类专家(主要包括高校和科研机构专门研究人员、潜江市水产局等政府部门官员和技术人员、潜江市小龙虾产业相关企业负责人、潜江市小龙虾养殖户等)意见的基础上,针对7个一级指标设置24个二级指标,构建实地调研和实证检验的指标体系,见表6-1。

表6-1 农业产业集群竞争力评价指标体系

一级指标	二级指标
要素条件 X_1	自然资源(X_{11})
	劳动力资源(X_{12})
	资本资源(X_{13})
需求条件 X_2	本地市场需求(X_{21})
	区外的国内需求(X_{22})
	国际市场需求(X_{23})
企业战略、结构与竞争 X_3	企业规模(X_{31})
	企业战略发展规划(X_{32})
	企业家精神(X_{33})
	集群内企业间良性竞争程度(X_{34})
相关产业和支持性产业 X_4	供应商数量及实力(X_{41})
	辅助行业(金融、交通)的专业化程度(X_{42})
	行业协会服务水平(X_{43})
	科研与培训机构(X_{44})
政府 X_5	行政制度(X_{51})
	产业政策(X_{52})
	财政投入(园区、基础设施建设)(X_{53})
	市场管理(X_{54})
社会历史传统与文化习惯 X_6	农户创新思想的活跃程度(X_{61})
	当地小龙虾养殖技术的累积程度(X_{62})
	新技术或信息在农户之间的传播速度(X_{63})
农业产业集群竞争力 X_7	"公司+合作社+基地+农户"的经营模式(X_{71})
	品牌运作创新及品牌认证(X_{72})
	龙虾节特色产品展销会的宣传力度(X_{73})

　　考虑到调查对象类型较多,各类调查对象知识和技术层次存在差异,因此问卷将各指标转化为具体易懂的问题,设计了口语化的潜江市小龙虾产业集群竞争力评价的调查问卷,并征求相关专家、政府官员以及企业经营者的意见,以及进行两次预调研后,对前期问卷进行修正完善,形成最终的调查问卷。问卷主体共设计30个问题,其中每个问题设计采用李克特(Likert)量表,实际应用中采用七级量表形式,要求被调查者按1~7分进行评判打分①,1分表示对指标定性描述完全不同意,7分表示对于指标定性描述完全同意,其余以此类推。调查问卷见表6-2。

表6-2 潜江市小龙虾产业集群竞争力评价调查问卷

代码	指　标	明显程度						
		1	2	3	4	5	6	7
1	当地自然资源(水质、土壤、地理特征、气候等)							
2	劳动力资源充裕程度(成本、素质等)							
3	资本资源(融资、贷款)获取的难易程度							
4	本地市场需求							
5	区外的国内需求							
6	国际市场需求							
7	当地小龙虾加工及餐饮企业的数量及规模							
8	企业的战略发展规划							
9	企业家精神							
10	集群内企业间的良性竞争程度							
11	企业自有品牌的创建							
12	供应商的数量、实力							
13	辅助行业(金融、交通)的专业化程度							
14	行业协会的服务水平							
15	科研与培训机构的服务水平							

---

　　① 其中1表示"极端不明显",2表示"比较不明显",3表示"不明显",4表示"一般",5表示"明显",6表示"非常明显",7表示"极端明显"。

代码	指　　标	明显程度						
		1	2	3	4	5	6	7
16	农民专业合作经济组织的组建							
17	农户创新思想的活跃程度							
18	当地小龙虾养殖技术的累积程度							
19	新的技术或信息在农户之间的传播速度							
20	行政制度							
21	产业政策							
22	财政投入(园区、基础设施建设)							
23	市场管理							
24	国外资金的注入							
25	区外的国内资金							
26	外来创业者及相关从业人员的数量							
27	"公司+合作社+基地+农户"的经营模式							
28	品牌运作创新及品牌认证							
29	生产中新技术的应用							
30	潜江市龙虾节特色产品展销会的宣传力度							

6.4.2　样本数据描述性统计

本次潜江市小龙虾产业集群竞争力评价实地调研的调查对象,主要包括小龙虾养殖户(包括养殖大户和普通的中小型养殖户)、小龙虾加工企业主要负责人和相关管理及技术工作人员、与小龙虾产业相关的餐饮业主及相关服务工作人员、各类小龙虾专业合作社负责人及主要组织成员、潜江市水产局等各级政府部门主要负责人以及相关工作人员等。在本次调研中,在前期充分了解的基础上,调查组根据各类调查对象对集群总体发展情况的了解程度,对不同群体发放的问卷数量有所差异。本次调研主要采用一对一当面访谈的方式,同时对部分企业和政府部门采用问卷集体发放的方式,一共发放问卷 400 份,回收问卷 365 份,回收率为

91.25%,剔除部分回答不规范的无效问卷,实际共获得有效问卷 310 份,有效率为 84.93%,符合随机抽样调查的要求。经过对调查问卷的统计分析,各设计变量的描述性统计结果如表 6-3 所示。

表 6-3 变量的描述性统计结果

	样本数	最小值	最大值	均值	方差
X_{11}	310	2	7	5.61	1.086
X_{12}	310	2	7	5.65	0.968
X_{13}	310	1	7	5.52	1.325
X_{21}	310	1	7	5.33	1.794
X_{22}	310	1	7	5.41	2.230
X_{23}	310	1	7	5.26	1.935
X_{31}	310	1	7	5.92	1.269
X_{32}	310	2	7	5.73	1.135
X_{33}	310	1	7	5.73	1.423
X_{34}	310	1	7	5.70	1.329
X_{41}	310	1	7	4.79	2.805
X_{42}	310	1	7	4.82	2.923
X_{43}	310	1	7	4.51	3.073
X_{44}	310	1	7	4.75	2.880
X_{51}	310	1	7	5.31	2.091
X_{52}	310	1	7	5.20	2.065
X_{53}	310	1	7	5.10	2.093
X_{54}	310	1	7	5.40	1.678
X_{61}	310	1	7	4.86	3.000
X_{62}	310	1	7	4.83	2.912
X_{63}	310	1	7	4.88	2.867
X_{71}	310	1	7	4.77	1.258
X_{72}	310	1	7	4.81	1.046
X_{73}	310	1	7	4.83	1.396
有效的 N(列表状态)	310				

资料来源:根据实地调查数据计算整理。

6.4.3 信度和效度分析

在得到有效的调查数据后,需要运用一系列的数学方法对调查问卷的质量进行检验和判断,唯有如此,才能评价实地调查问卷的科学合理性,以及检验调查数据的可靠程度和准确程度,保证问卷调查的质量。也就是要对实地调查问卷进行信度和效度检验,在本章将采用 SPSS 18.0 软件对问卷进行信度分析和效度分析。

1.信度分析

数据的信度检验分析又被称为数据的可靠性检验,其目的在于分析判断问卷是否能够稳定地测量出所建立理论模型所需要测量的数据变量,同时,检验多次测量后得到的数据结果是否具有一致性和稳定性。一般来说,信度的测量采用 5 种相关系数方法表示,分别是克朗巴哈信度、折半信度、复本信度、再测信度、评分者信度。其中,最常用的是克朗巴哈信度(Cronbach's α)和折半信度(Split-half Reliability)。由于本调查问卷所设计的主要是事实性与态度性问题,因此在信度检验中以克朗巴哈信度的结果作为测量依据。

以 Cronbach's α 系数来检验各变量的信度,通过 SPSS 18.0 的可靠性分析显示(检验结果见表 6-4),本问卷总量表的 Cronbach's α 系数值为 0.892,具有很好的信度。另外,对各分量表的信度进行检验,所考察的 7 个潜变量的 Cronbach's α 系数值也都在 0.9 以上,同样具有非常好的内部一致性,这表明本地实地调研所获得的数据具有很好的信度。

表 6-4 潜变量的信度检验

潜变量	观测变量个数	Cronbach's α 系数	潜变量	观测变量个数	Cronbach's α 系数
要素条件	3	0.904	政府	4	0.945
需求条件	3	0.955	历史文化	3	0.954
企业	4	0.934	竞争力	3	0.918
相关产业	4	0.958			

2.效度分析

简单来说,效度是指正确的程度,被用来表示被测变量能在多大程度上反映研究者所需研究变量的真实含义。效度值越高,表示测量结果越能显示出所测对象的特征。

本研究通过经典的 KMO 样本测度(Kaiser-Meyer-Olkin measure of sampling adequacy)结合 Bartlett 球形检验对所调查数据的结构效度进行分析。根据统计学家 Kaiser 的解释,KMO 值在 0.9 以上表示非常适合进行因子分析方法,0.8~0.9 表示适合,0.7~0.8 表示比较适合,0.6~0.7 表示很一般,0.5~0.6 表示很勉强,0.5 以下表示不适合。同时,当 Bartlett 球形度检验统计值的显著性概率小于或等于显著性水平的时候,比较适合做因子分析。

在本部分,为了确保后期研究中调查数据的可靠性,我们仍然利用 SPSS 18.0 软件对调查数据进行了效度检验,以衡量"农业产业集群竞争力评价指标体系"的内在结构是否合理。结果如表 6-5 所示,其表明样本分布的 Bartlett 球形检验结果在 1%水平上高度显著,KMO 值是 0.854,大于 0.8,因此数据达到了很好的效度,适合使用因子分析方法。

表 6-5　KMO 和 Bartlett 的检验

取样足够度的 Kaiser-Meyer-Olkin 度量		0.854
Bartlett 的球形度检验	近似卡方	7979.089
	Df	276
	Sig	0.000

6.5　模型拟合与评价

6.5.1　建模及检验

在上一节对调查数据的信度和效度进行检验的基础上,结合前文的理论分析和假定部分的阐述,运用 Amos 20.0 软件构建农业产业集群竞争力评价的结构方程模型,如图 6-1 所示①。

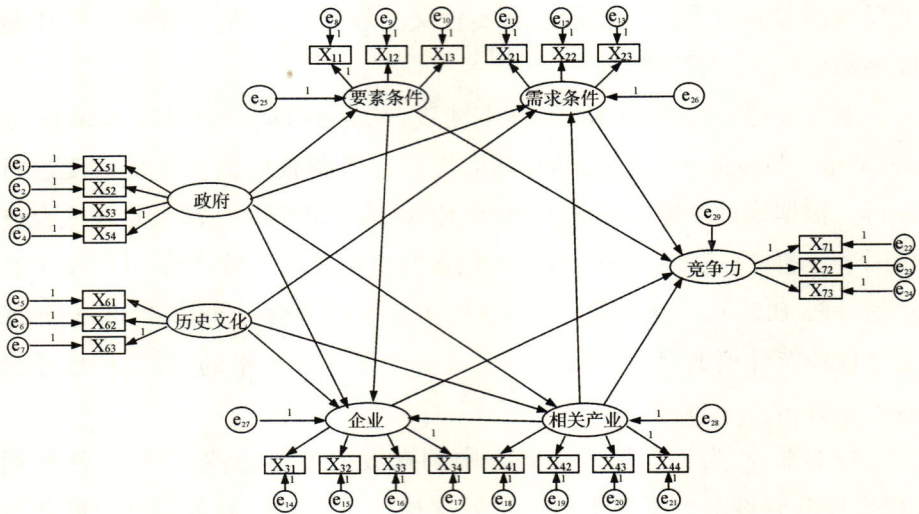

图 6-1 农业产业集群竞争力评价的结构方程模型

从结构方程模型图中可以看出各潜变量之间的相互关系:首先,"要素条件""需求条件""企业战略、结构与竞争"和"相关产业和支持性产业"等变量对变量"潜江市小龙虾产业集群竞争力"有着直接的影响;其次,"政府"和"社会历史传统与文化习惯"两个变量尽管没有直接作用于变量"产业集群竞争力",但上述两个变量仍然通过直接作用于"要素条件""需求条件""企业战略、结构与竞争"以及"相关产业和支持性产业"等因素,从而对"潜江市小龙虾产业集群竞争力"产生间接的作用;最后,潜变量"要素条件"对"企业战略、结构与竞争",潜变量"相关产业和支持性产业"对"需求条件"和"企业战略、结构与竞争"等变量也有着直接的作用。

在所构建的结构方程模型的基础上,运用实地调研的数据,采取极大

---

① 为了保证图表格式的简洁明了,在图表部分将"企业战略、结构与竞争""相关产业和支持性产业""社会历史传统与文化习惯"和"农业产业集群竞争力"等潜变量分别简称为"企业""相关产业""历史文化"和"竞争力"。

似然估计法对结构方程模型进行运算,得到路径系数的估计结果,见表6-6。

表6-6 结构方程模型路径系数估计

假设	路径			标准化路径系数	S.E.	C.R.	P	检验结果
H₁	要素条件	←	政府	0.364	0.055	6.170	＊＊＊	支持
H₂	相关产业	←	政府	0.156	0.085	2.806	0.005	支持
H₃	相关产业	←	历史文化	0.305	0.054	5.535	＊＊＊	支持
H₄	需求条件	←	政府	0.145	0.072	2.467	0.014	支持
H₅	企业	←	政府	0.234	0.052	3.919	＊＊＊	支持
H₆	需求条件	←	历史文化	0.188	0.047	3.121	0.002	支持
H₇	企业	←	历史文化	0.122	0.031	2.195	0.028	支持
H₈	企业	←	要素条件	0.267	0.056	4.439	＊＊＊	支持
H₉	企业	←	相关行业	0.149	0.032	2.638	0.008	支持
H₁₀	需求条件	←	相关产业	−0.170	0.048	−2.795	0.005	不支持
H₁₁	竞争力	←	需求条件	0.112	0.042	2.216	0.027	支持
H₁₂	竞争力	←	要素条件	0.231	0.060	4.143	＊＊＊	支持
H₁₃	竞争力	←	企业	0.306	0.067	5.260	＊＊＊	支持
H₁₄	竞争力	←	相关产业	0.273	0.034	5.267	＊＊＊	支持

6.5.2 模型修正

从表6-6中可以看出,研究假设 $H_1 \sim H_{14}$ 路径系数的 C.R.值都远大于 1.96,显著性概率小于 5%,也都通过了显著性检验。但值得注意的是, H_{10} 的路径系数值为 −2.795,即表明潜变量"相关产业和支持性产业"对变量"需求条件"有负向的影响,而这个结论显然与现实情况相悖,因此在原模型中剔除掉潜变量"相关和支持性产业"对变量"需求条件"的直接作用。在此基础上,根据修正后的理论模型重新进行拟合,再次运用调查数据对各变量进行评价,得到修正后的最终 SEM 结构模型图及路径系数,如图 6-2 所示。

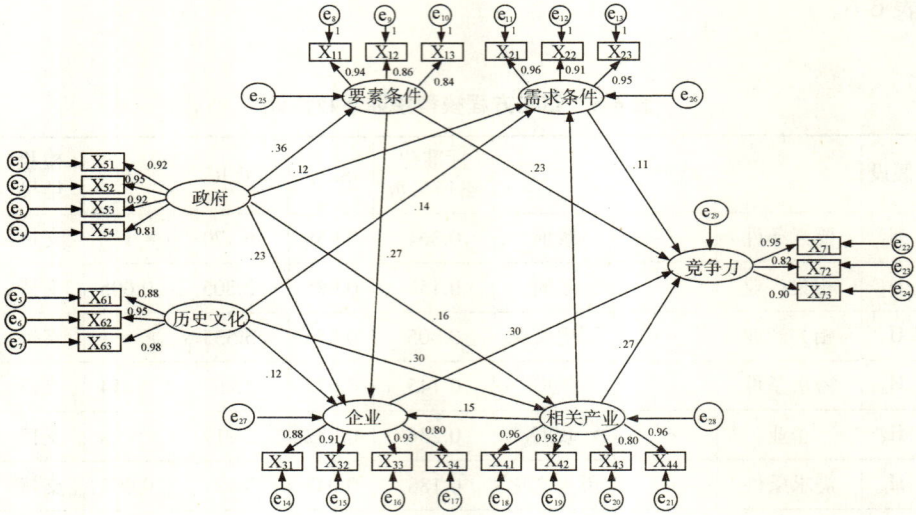

图 6-2　修正后的农业产业集群竞争力评价结构方程模型

　　修正后的拟合模型中,各潜变量间的路径系数值均通过显著性检验,且相关潜变量之间的作用值均为正向关系,与理论假定一致。

　　在采用结构方程模型进行拟合分析时,Bollen(1986)指出,模型不仅要考虑上述整体模型的拟合度,而且必须同时考虑内在拟合度,即从整体和部分两个层面上确保模型拟合具有更高的可靠性:一是对测量模型的评价,二是对结构模型的评价。其中,测量模型通过可观察变量(即前文提到的表征潜变量的二级指标变量)了解潜在结构的效率和信度,结构模型则是确保评价理论建构所需要的因果关系。Bollen 研究后认为,潜变量与观测变量之间的系数值至少应该大于 1.96,而且该值越大效果越好。在本部分中模型拟合结果通过了适配度的检验,模型拟合效果良好,如表 6-7 所示。

6.5.3　模型解释

　　根据修正后的模型拟合结果,可以得出各变量之间的影响机制,结果见表 6-8。接下来从潜变量相互间的关系以及潜变量与观测变量之间的关系两个视角,对拟合后的模型进行解读,进而判断各假设是否成立。

表 6-7 结构方程模型适配度检验

分类	统计检验量	适配的标准或临界值	检验结果	适配判断
绝对适配指数	GFI	>0.90 以上	0.886	合理
	AGFI	>0.90 以上	0.857	良好
	RMSEA	<0.05 良好 <0.08	0.059	合理
增值适配指数	NFI	>0.90 以上	0.939	良好
	IFI	>0.90 以上	0.967	良好
	CFI	>0.90 以上	0.967	良好
	RFI	>0.90 以上	0.930	良好
简约适配指数	PNFI	>0.50 以上	0.813	良好
	PGFI	>0.50 以上	0.706	良好
	NC 值(χ^2/Df)	1<NC<3	2.087	良好

资料来源:吴明隆.结构方程模型:AMOS 的操作与应用[M].2 版.重庆:重庆大学出版社,2010.

表 6-8 结构方程模型各潜变量之间的影响机制

		要素条件	需求条件	企业	相关产业	政府	历史文化
要素条件	直接影响					0.364	
	间接影响					—	
	总影响					0.364	
需求条件	直接影响				·	0.118	0.135
	间接影响					—	—
	总影响					0.118	0.135
企业	直接影响	0.268			0.150	0.234	0.122
	间接影响	—			—	0.121	0.046
	总影响	0.268			0.150	0.355	0.167
相关产业	直接影响					0.156	0.305
	间接影响					—	—
	总影响					0.156	0.305
竞争力	直接影响	0.230	0.110	0.304	0.270	—	—
	间接影响	0.081	—	—	0.045	0.247	0.148
	总影响	0.311	0.110	0.304	0.316	0.247	0.148

1.潜变量之间的关系

首先,从各潜变量对农业产业集群竞争力的影响机制来看,"要素条件""需求条件""企业战略、结构与竞争"以及"相关产业和支持性产业"等4个潜变量都对农业产业集群竞争力具有显著的正向直接作用机制,依据其作用强度的大小排序依次为"企业战略、结构与竞争"(0.304)、"相关产业和支持性产业"(0.270)、"要素条件"(0.230)以及"需求条件"(0.110)。这表明在这4个潜变量中,"企业战略、结构与竞争"的提升对潜江市小龙虾产业集群竞争力的贡献度最大。在这4个潜变量中,"要素条件"和"相关产业和支持性产业"两个潜变量对农业产业集群竞争力的作用除直接影响外,还具有间接的影响。其中,"要素条件"通过影响"企业战略、结构与竞争",对产业集群竞争力产生间接影响(其值为0.081)。"相关产业和支持性产业"同样也通过影响"企业战略、结构与竞争"而对产业集群竞争力产生间接影响(其值为0.045)。除上述4个潜变量对潜江市小龙虾产业集群竞争力产生直接作用机制外,政府和"社会历史传统与文化习惯"等两个变量尽管对小龙虾产业集群竞争力没有直接的影响,但它们仍然通过作用于其他潜变量间接地影响产业集群竞争力。其中,政府分别作用于"要素条件""需求条件""企业战略、结构与竞争"以及"相关产业和支持性产业"等4个潜变量,进而对潜江市小龙虾产业集群竞争力产生间接的作用(其间接影响系数为0.247)。相应地,"社会历史传统与文化习惯"则分别作用于"需求条件""企业战略、结构与竞争"以及"相关产业与支持性产业"等3个潜变量,进而对潜江市小龙虾产业集群竞争力产生间接作用(其间接影响系数为0.148)。综合来看,所考察的对潜江市小龙虾产业集群竞争力产生作用的6个潜变量中,依据其对竞争力综合影响力的大小,其排名依次为"相关产业和支持性产业""要素条件""企业战略、结构与竞争""政府""社会历史传统与文化习惯"和"需求条件"。

其次,各潜变量相互间的影响机制。"要素条件"等4个潜变量除直接对竞争力产生影响外,变量之间也互相产生影响:"要素条件"对"企业战略、结构与竞争"产生了较大的直接影响(其作用力系数为

0.268）；"相关产业和支持性产业"也对"企业战略、结构与竞争"产生
0.150的直接作用力。同时，"政府"和"社会历史传统与文化习惯"两个
变量尽管没有直接作用于集群竞争力，但与其他4个潜变量之间却有
着复杂的相互作用关系："政府"对"需求条件"等4个潜变量都有着直
接的影响力，而"社会历史传统与文化习惯"也对除需求条件外的其他
3个潜变量产生了直接的影响。影响潜江市小龙虾产业集群竞争力的
各变量之间有复杂的相互联系，这一实证结果在某种程度上支持了波
特的钻石模型中有关"各影响集群竞争力的变量间具有相互促进的关
系"的结论，同时也提示我们，要提升潜江市小龙虾产业集群的竞争力，
除了关注"需求条件"等直接影响因素外，还要特别注重各要素间的相
互协调关系，唯有如此，才能发挥产业集群的综合竞争力，保持产业集
群的健康可持续发展。

2.潜变量与观测变量的关系

从图6-2可以看出，对提升潜江市小龙虾农业产业集群竞争力贡献
最大的是"公司+合作社+基地+农户"的经营模式（X_{71}，0.95），龙虾节特
色产品展销会的宣传力度（X_{73}，0.90）也对产业集群的提升具有较强的促
进作用。相比而言，潜江市小龙虾品牌运作创新及品牌认证（X_{72}，0.82）
的力度还稍显不足，对小龙虾产业集群竞争力的贡献较小。

对"要素条件"贡献最大的是自然资源（X_{11}，0.94），其后依次为劳
动力资源（X_{12}，0.86）和资本资源（X_{13}，0.84）。良好的水源、地形和土壤
等自然资源条件，是潜江市小龙虾产业得以快速并健康发展的有力保
障，也是潜江市小龙虾产业集群基本要素条件优越的充分条件。本地
市场需求（X_{21}，0.96）对"需求条件"的贡献最大，尽管近年来潜江市小
龙虾产业发展较快，其市场已经扩展到省外甚至海外，但其主要市场还
是集中在湖北省内的如武汉、襄阳、荆州等市。同时，国际市场需求
（X_{23}，0.95）对"需求条件"的影响也较大，相应地，湖北省外其他地区的
市场（X_{22}，0.91）开拓力度还有待提高；"企业战略、结构与竞争"变量所
选择的4个观察变量中，企业家精神（X_{33}，0.93）对该变量的影响最大，
潜江市小龙虾产业集群的形成和发展过程中，当地企业家的开拓创新

精神起着非常大的作用。同时,企业战略发展规划(X_{32},0.91)也对"企业战略、结构与竞争"变量起着重要的作用,相应地,企业规模(X_{31},0.88)和集群内企业间良性竞争程度(X_{34},0.80)两个观察变量还有待提高,适度扩大小龙虾企业规模以发挥规模经济,努力制定良性的企业竞争制度和营造良性的企业竞争氛围,这些都是强化"企业战略、结构与竞争"要素,进而增强集群竞争力的重要举措;在"相关产业和支持性产业"4个观察变量中,辅助行业(金融、交通)的专业化程度(X_{42},0.98)、供应商数量及实力(X_{41},0.96)以及科研与培训机构(X_{44},0.96)的贡献效应较大,而行业协会服务水平(X_{43},0.80)则严重制约着"相关产业和支持性产业",如何改变行业协会发展滞后、协会服务水平不高的现状,是潜江市相关机构和各级政府部门将要重点关注的问题。

在潜江市小龙虾产业集群形成和发展的过程中,政府通过采取制定产业政策和行政制度等手段,推动产业集群的健康可持续发展。其中,政府产业政策(X_{52},0.95)起着极为重要的作用,同时行政制度(X_{51},0.92)和财政投入(园区、基础设施建设)(X_{53},0.92)也是政府为推动产业集群发展所做的重要贡献。而在4个观察变量中,政府要加大市场管理(X_{54},0.81)的力度;在表征"社会历史传统与文化习惯"的3个观察变量中,新的技术或信息在农户之间的传播速度(X_{63},0.98)贡献最大,良好的信息技术共享氛围以及社会资本是潜江市小龙虾产业集群得以形成和发展的重要保证,同时,当地小龙虾养殖技术的积累程度(X_{62},0.95)也对"社会历史传统与文化习惯"有着较大的贡献。而相对地,当地农户创新思想的活跃程度(X_{61},0.88)还显得不足,贡献较小。

6.6 本章小结

本章通过构建结构方程模型,以波特的"钻石模型"为分析基础,采用实地调研数据,对潜江市小龙虾产业集群竞争力进行了测度。结果表明:"要素条件""需求条件""企业战略、结构与竞争"以及"相关产业和支持性产业"4个潜变量,都对潜江市小龙虾产业集群竞争力具有直接影响,而且,"要素条件"和"相关产业和支持性产业"还都通过直接作用于"企业战略、结构和竞争"而对竞争力产生了间接影响。综合来看,4个要素对潜江市小龙虾产业集群竞争力的作用效应大小排序依次为:"相关产业和支持性产业"(0.316)、"要素条件"(0.311)、"企业战略、结构与竞争"(0.304)以及"需求条件"(0.110)。"政府"和"社会历史传统与文化习惯"两个要素变量尽管对潜江市小龙虾产业集群竞争力没有产生直接的作用,但"政府"通过作用于"要素条件"等4个变量,"社会历史传统与文化习惯"通过作用于除"要素条件"外的其他3个变量而分别对农业产业集群竞争力产生间接的作用效应,其总作用效应值分别为0.247和0.148。因此,在所构建的模型中,所考察的6个变量都直接或间接地对潜江市小龙虾产业集群竞争力的提升具有一定的促进作用。另外,在总体模型中的测量模型部分,各潜变量的观察变量也都通过了显著性检验,各观察变量较好地反映了潜变量的特征,而因素负荷量的大小也在一定程度上反映了集群为改善各影响因素、提升集群竞争力的努力方向。

实证分析的结果也为相关职能部门和企业提供了进一步改善集群发展各影响因素的条件,进而进一步提升集群竞争力的思路和举措。在潜江市小龙虾产业集群未来的发展过程中,首先必须对各主要影响因素予以足够的重视,如重视"要素条件"中自然资源条件的保护,加大"相关产业和支持性产业"要素中行业协会服务水平的建设力度等。只有各影响要素的水平得到了提高,集群竞争力的提升才有可能。与此同时,还要整合各要素的力量,通过协调形成各要素的合力,共同推动产业集群的发展,不断增强集群的竞争优势。为此,要求相关职能机构和企业充分调研,密切合作,在如下方面加大力度:充分发挥潜江市独特的适宜于小龙虾产业发展的资源要素禀赋优势,结合深厚的社会历史传统与文化习惯,全力打造有别于国内外其他地区的小龙虾产业集群,形成独特集群竞争优势;大力培育龙头企业,发挥其示范带头作用,带动众多的中小企业快速发展,营造良好的潜江市小龙虾产业集群内企业间的交流与合作氛围,实施集群品牌战略,提升区域品牌价值,共同打造特色区域品牌和企业品牌;加大政府的扶持和引导作用,制定合理的集群发展规划及相关产业政策,促进潜江市小龙虾产业集群转型和升级;促进农民专业合作经济组织的规范化发展,提升合作社的服务水平,提高当地广大农民的组织化程度等。

7 潜江市小龙虾产业集群动力机制实证研究

作为农业产业集群研究的核心问题之一,农业产业集群动力机制有着复杂的构成和作用原理。从社会学的视角来看,"机制"可以表述为:在正视系统各个部分存在的前提下,协调各部分之间关系以更好地发挥作用的具体运行方式。因此,从农业产业集群动力机制组成元素考察,其动力是指驱动农业产业集群形成和发展的众多有利因素的集合。依据元素的来源,动力可以被分为内生动力和外生动力,相应地就形成了内生动力机制和外生动力机制。

在前两章中,分别对潜江市小龙虾产业集群现状、演进路径,以及竞争力评价进行了实证研究。本章试图对潜江市小龙虾产业集群形成和发展过程中各影响因素进行梳理和剖析,重点考察本地居民、政府和外来企业在其中发挥的作用,进而探讨其形成和发展的动力机制,以期为农业产业集群的健康和可持续发展提供合理的建议。

本章的结构安排如下:第一部分是对农业产业集群动力机制的相关研究文献进行系统的梳理;第二部分是本章的研究理论及假设;第三部分是对实证研究的问卷设计、数据来源及处理进行介绍;第四部分是模型的检验及评价;最后是本章的主要结论及对策建议。

在前面的章节中,基于产业集群的生命周期理论,同时结合实地调研所获取的统计资料和对经济社会发展数据进行的详细分析,将潜江市小龙虾产业集群形成和发展的过程大致划分为萌芽阶段、形成阶段和成熟阶段。在对各个阶段行为主体作用的分析中发现:在产业集群发展的不同阶段,3个主体即政府、本地力量和外来资本对产业集群形成和发展的作用大小有所不同,而且其相互作用处于动态演进的过程中。总体而言,本地农户基于潜江市独特的适合小龙虾养殖的自然条件,而自发地进行小龙虾养殖及生产、加工和销售,是潜江市小龙虾产业集群萌芽阶段的主体推动力量;政府的合理引导和大力支持,是小龙虾产业集群得以形成和发展的主导力量;与此同时,外部企业的资金和技术等要素的介入,是集群由萌芽阶段向形成阶段过渡的核心力量之一;而在进入成熟阶段后,对产业集群发展起主导作用的是包含了日益壮大的企业、农户、农民专业合作经济组织等的本地力量。其中,企业的作用主要体现为不断进取创新的企业家精神以及企业对自由品牌和区域品牌的创建。在这一阶段,政府对产业集群的影响作用有所削弱,更多的是政策引导和监督规范的作用,为企业的发展创建了良好的制度环境。需要说明的是,在调查过程中发现,与国内外其他地区农业产业集群形成和发展过程中外部力量居于主导地位的情况不同,在潜江市小龙虾产业集群形成和发展的整个过程中,总体而言,外来资本的力量和作用都相对较小。原因在于潜江市小龙虾产业集群主要是在本地资源优势和养殖传统的基础上逐渐发展起来的,不论是在资金还是人员的需求上,都更多地依赖于本地的供应,对外来资本的依存度较低。

调研数据的初步分析是否与实际情况相一致?潜江市小龙虾产业集群形成和发展动力机制能否通过实证予以验证?本章尝试运用结构方程模型分析方法,从本地力量、政府、外来资本3个农业产业集群形成和发展的行为主体功能定位的视角,构建潜江市小龙虾产业集群动力机制的分析模型,并结合实地调研的一手数据,对潜江市小龙虾产业集群发展阶段集群内各主体角色和功能演进进行实证检验。

7.1 文 献 综 述

产业集群动力机制有着复杂的构成和作用原理,其概念也一直很模糊,与之对应,对农业产业集群动力机制进行研究和探讨的文献就更少,现有的研究也大多是沿袭产业集群动力机制的研究思路和方法。

产业集群动力是产业集群形成和发展的基础,驱动产业集群形成和发展的一切有利因素间相互作用,从而构成了产业集群发展的动力。根据产业集群生命周期阶段来划分,产业集群动力由于在其中扮演的角色不同而被分为形成动力和发展动力(刘恒江等,2004)。

形成动力是指产业集群形成的诱发因素,不同的学者因为关注重点和学科研究领域的差异,对产业集群形成动力的认识和描述有所不同。如 Alfred Marshall(1890)主要从"外部经济"的视角对产业集群形成动力进行研究,认为劳动力市场共享、投入产出关联和知识外溢是产业集群的形成动力。而工业区位论代表人物 Alfred Weber(1909)则主要从"工业企业区位决定"的视角出发,认为区位因子中的大量集群因素导致的集群因子是工业企业集群的动力。Paul Krugman(1991)主要从规模经济运输成本的角度,对不同产业集群的形成动力进行了研究。Brown(2000)则认为,尽管不同学派对于产业集群形成动力因素的关注点不同,但这些动力因素都可以被归结为自发作用的市场力量,具有不稳定性和孤立性的特点,其中一些动力因素会随着产业集群的演进而不断衰减,更为重要的是,各种动力因素之间缺乏相互联系,不存在稳定的相互作用关系。

与形成动力的不稳定性和孤立性不同,产业集群的发展动力因素具有更高层次的属性和更稳定的作用形式(刘恒江等,2004)。Doeringer 等(1997)认为产业集群的发展动力因素主要有三类,即外部经济,熟练劳动力市场及知识外溢的好处,中介机构及知识中心等机构对企业知识外溢发展的推动力。而 Bergman 和 Feser(2000)则认为外部经济、创新环境、竞争合作、企业间的竞争以及路径依赖等要素是产业集群发展的动力因素。Martin 和 Michael(1999)综合研究现有文献后认为,产业集群在相对比较稳定的技术创新、非正规学习、合作竞争、知识共享和溢出、网络协作、区域品牌意识等驱动力(可以理解为产业集群的发展动力因素)的作用下得以发展并显示出强劲的竞争优势。同时,上述发展动力因素不是孤立地发生作用,这些因素一般具有相对固定的协调关系,有着明显的作用规则。

从社会学的视角来看,"机制"是指在正视系统各个部分存在的前提下,协调各部分之间关系以更好地发挥作用的具体运行方式。贝斯特(1999)认为产业集群存在四种主要动力,即集中专业化、知识外溢、技术多样化以及水平整合和再整合。这四种动力因素依次对产业集群的发展产生作用,并形成循环状的稳定结构,这种结构即为产业集群的主体动力机制。刘恒江等(2004)在综述国内外产业集群动力机制相关研究文献的基础上,认为产业集群动力机制是驱动产业集群发展和演化的力量结构体系及其运行规律,具有一定的稳定性和规律性。从这个意义上说,由于形成动力各因素之间缺乏相互联系,没有稳定的作用关系,因此还没有形成动力机制[①]。各类生产要素(包括物质资源、劳动力、资本等)是产业集群形成和发展的基础,而要将这些基础转化为集群优势,则需具备生产要素整合能力,而作为推动产业集群发展根本动力的动力机制,其主要功能就在于将基础要素转化为集群优势。根据动力机制不同的来源,可以将产业集群动力机制分为内源动力机制和外源动力机制。其中,内源动力机制是一种集群自发的内在力量,表现为各种"根植性"[②]、降低交易成

[①] 当然,关于这一点不同学者有不同的看法。如黄汉权(2007)认为产业集群的形成是一个长期的过程,具有明显的阶段性特征,可以将产业集群的形成过程分解为起始阶段、雏形阶段、扩张阶段、生产和服务网络化阶段 4 个阶段,借鉴贝斯特的动态模型,构建了农业产业集群形成机制的动态模型,并对其形成动力机制进行了深入的分析。

[②] Dayasindhu(2002)等认为根植性是产业集群长期积累的历史属性,是资源、文化、知识、制度、地理区位等要素的本地化过程,它是支持产业集群生产体系在空间集中的关键因素,且一旦形成,就具有难以被复制的特性。通常可以将产业集群根植性分为 5 种,即认知根植性、组织根植性、社会根植性、制度根植性和地理根植性。

本、知识共享、外部经济、规模经济、学习效应等;与之相对,外源动力机制则主要来源于外部环境,以及各级政府有意识地对产业集群进行规划和调控,表现为外部竞争、区域品牌意识、集群政策等。因此,政府行为和外部竞争环境是影响产业集群外源动力的重要因素,它们衍生出来的作用关系构成了产业集群的外源动力机制。从世界范围各类产业集群发展的情况看,尽管绝大多数产业集群都是自发形成的,但规模小、层次低、组织松散、发展内在动力不足等问题严重制约着其向更高层次发展。此时,作为外源动力核心的政府介入就显得尤为重要。

随着农业产业集群的发展,同时也伴随着国内外产业集群动力机制研究的不断深入,关于农业产业集群的研究不再局限于概念内涵、基本特征、发展模式等层面的研究。近年来,越来越多的学者开始关注农业产业集群的形成和发展动力机制问题。周新德(2008)认为农业产业集群是在区域所拥有一定的先天禀赋的基础上,在动力机制的作用下逐步演化而来的生态系统群。其中,地域、气候、土壤等先天禀赋因素对农产品的产量、品质、成本、类型等影响巨大,直接关系到农业产业集群的形成和发展,是农业产业集群形成的必要条件和物质基础,离开了优越的自然资源禀赋条件,农业产业集群将丧失生存和发展的基础。先天禀赋并不是农业产业集群形成和发展的必要条件,只有具备一定的资源整合能力,农业产业集群才能形成和不断发展,而动力机制是推动农业产业集群形成和发展的根本推动力量。此时,农业产业集群形成和发展的内源动力机制发挥作用,这种自发的动力机制,通过认知根植性、组织根植性、社会根植性、制度根植性和地理根植性等特性,发挥规模经济效应、外部经济效应以及学习效应等,推动农业产业集群的形成和发展。同时,政府有意识地对农业产业集群的规划和调控行为,以及外部环境的综合影响,形成了集群发展的外源动力机制。其中,政府的主要措施有:提供良好的基础设施;打造合理的制度环境以及相应的政策扶持;提供有效的公共服务,促进农业产业集群的成长与升级;制定针对性较强的有力措施,解决农业产业集群中共同面对的一些难题。而外部环境的作用方式主要包括外部市场竞争、区域品牌建设等。

　　尽管当前还有很多学者认为形成动力具有不稳定性和孤立性,因此形成动力因素还无法形成动力机制。但也有学者认为通过采用贝斯特动态模型,借鉴生命周期理论,可以将农业产业集群形成过程划分为不同的阶段,从而也可以对其形成动力机制进行分析。黄汉权(2007)把农业产业集群的形成过程分解为起始阶段(初始企业产生的过程,产业机制成为主要推动力)、雏形阶段(模仿企业产生的过程,模仿机制成为主要推动力)、扩张阶段(外部规模经济的形成和集聚效应的产生,集聚机制成为主要推动力)以及生产和服务网络化阶段(具有正反馈功能的自组织,网络化机制成为主要推动力)4个阶段,并分析得出各阶段的主导动力机制分别为创业机制、模仿机制、集聚机制以及网络化机制。农业产业集群形成过程中不同阶段的不同动力机制交互更替,共同推动着农业产业集群的形成。另外,部分学者在研究时没有对农业产业集群的形成动力机制和发展动力机制进行界定,也没有区分内源动力和外源动力,而是将影响农业产业集群形成和发展的动力因素进行综合分类,从中选取主要的影响因素作为促使农业产业集群形成和发展的动力,并对这些动力间的相互作用关系进行理论分析。如黄海平、黄宝连(2012)构建了农业优势产业集群形成的"四力"动力理论模型,即以农业资源禀赋差异为内在诱因所构成的农业优势产业集群的吸引力,以特色农业集聚种植为基本条件所构成的农业优势产业集群的稳固力,以农业加工企业集聚为关键因素所构成的农业优势产业集群的牵引力,以及以政府引导与扶持为外在推力四种动力。这四种动力相互作用,共同构成农业优势产业集群的推动力。

　　综合来看,由于国内外产业集群动力机制相关研究还未能取得一致性的成果,所以相应地对农业产业集群动力机制的研究还处于摸索阶段。尽管已经有少量文献试图采用产业集群动力机制的相关成果对农业产业集群动力机制进行探索,也产生了一定的影响,但总体而言还缺乏完整的逻辑体系,大多数只能对案例进行研究,而对各影响因素间相互作用所形成的动力(机制)的实证研究基本上还是空白。由此可以预料,通过构建完整的理论模型,并在此基础上对农业产业集群动力机制进行实证检验是本研究领域未来的主要研究方向之一。

7.2 研究理论及假设

7.2.1 理论框架

在本章中,将根据对潜江市小龙虾产业集群发展现状的调查,采用结构方程模型(SEM)方法,对潜江市小龙虾产业集群发展的动力机制进行实证检验。

农业对自然环境和资源的依赖性,使得地域、气候、土壤、水资源等先天禀赋因素在农业产业集群的形成和发展中占据着极为重要的地位。同时,基于本地自然禀赋而长期形成的种养殖传统、习俗乃至文化等也是农业产业集群得以形成并发展的主要推动力,还是产业集群得以长期发展的最稳定的动力因素。因此,本研究认为包括自然禀赋和文化传统等人文要素在内的"本地力量",是潜江市小龙虾产业集群形成和发展的核心动力机制之一。

在强调本地力量在潜江市小龙虾产业集群形成和发展过程中的重要性的同时,也不能忽视政府和外来资本这些外源动力的重要作用。政府通过提供良好的基础设施,打造合理的制度环境以及进行相应的政策扶持等,有意识地对集群进行规划和调控,提升了潜江市小龙虾产业集群的档次,扩大了其规模,强化了集群组织化程度,并在一定程度上缓解了基于本地力量形成的集群的内在动力不足的困境。同时,外来企业的进入,除了给潜江市小龙虾产业集群发展带来了大量的资金和优秀的管理经验外,更为重要的是营造了良好的外部竞争环境。这种外部竞争压力和竞争性市场需求可以激发集群的进步和发展,提高潜江市小龙虾产业集群的竞争力,并使得整个集群保持一定的开放度。

因此,在对潜江市小龙虾产业集群动力机制进行分析时,我们认为,本地力量、政府和外来资本三种动力因素间相互作用、相互促进,共同对集群的发展产生了重要的推动力,从而形成了潜江市小龙虾产业集群发展的动力机制,见图7-1。

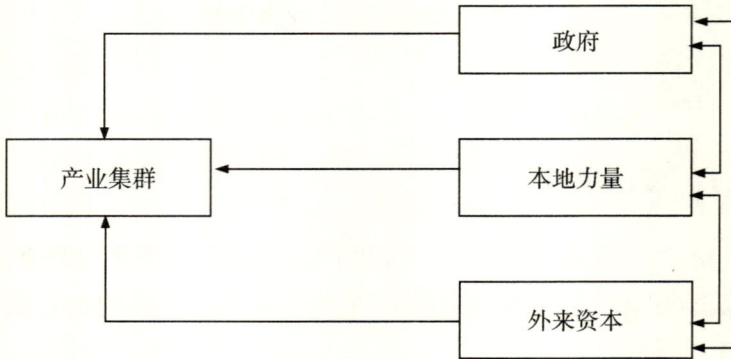

图 7-1　潜江市小龙虾产业集群发展动力机制的理论框架

7.2.2　研究假设

1.潜江市小龙虾产业集群

本章运用 SEM 模型对潜江市小龙虾产业集群动力机制进行实证分析,因此,首先要对潜江市小龙虾产业集群这一潜变量进行界定。

与工商业产业集群不同,农业产业集群的形成更多地依赖于当地的特色自然资源及社会历史传统与文化习惯。而随着农业产业集群的不断发展,其在发展和成熟阶段,会逐渐形成具有地区乃至全球竞争优势的区域品牌、企业品牌及产品品牌,进而形成具有优势的品牌农业。而一旦形成了富有竞争力的品牌农业,传统新古典经济理论中有关农产品为无差异同质品的基本假定就将被突破,此时,农产品具有了和工商业产品性质相同的市场垄断力,和普通农产品相比就具有了强大的市场竞争优势。从这个意义上说,农业产业集群中品牌农业的创立和发展在很大程度上表征了农业产业集群的发展状况,因此,我们可以用潜江市小龙虾品牌农业的建设表示该产业集群的发展状况。

从现有品牌农业的相关研究文献来看,娄向鹏(2013)认为,品牌农业具有五个重要的特征,即生态化、价值化、标准化、产业化、资本化"五化"。

其中,价值化是指引入品牌营销模式,通过品牌定位、产品创新、产品核心价值、品牌(产品)形象设计以及传播推广等手段,提升产业、企业和产品的附加值,实现增收、增效和可持续发展。而产业化则是指实现作为第一产业的农业与第二产业(农产品加工业)、第三产业的高度融合与产业整合,形成完整的农业产业链,进行良性联动和互动。如当前各地都大力推广的"公司+合作社+基地+农户"的产业化经营模式,就是产业化的主要形式。除此之外,随着互联网的快速发展,高新技术也被广泛地应用于现代农业中,而作为现代农业的主要空间形式的农业产业集群,更是高新技术的集中地。王中、卢昆(2009)在分析平度"马家沟芹菜"产业集群的品牌培育策略中,通过实地调查,发现在现代农业生产中,高新技术的广泛应用已经成为品牌农业的主要内涵之一。

由此看来,农业产业集群的发展水平在很大程度上可以通过集群中品牌农业的建设水平来体现,综合现有研究文献,同时考虑到指标的可获得性,我们认为潜江市小龙虾产业集群品牌农业的建设可以通过如下 4 个二级显变量来表示:"公司+合作社+基地+农户"的经营模式 X_{41}、小龙虾养殖和加工过程中新技术的应用 X_{42}、潜江市小龙虾品牌运作创新及品牌认证 X_{43}、潜江市龙虾节特色产品展销会的宣传力度 X_{44}。

从现有研究文献中我们不难发现,无论是内源动力中的本地力量,还是外源动力中的政府和外来资本,在农业产业集群形成和发展的过程中,都会以各自以及相互作用形成合力的形式,对农业产业集群产生正向的推动力。因此,我们有如下假定:

假定 H_1:本地力量、政府、外来资本对农业产业集群发展具有正向作用。

2.政府

作为产业集群外源动力的核心的政府,在农业产业集群发展过程中有着极为重要的作用。在产业集群的发展过程中,政府行为的首要形式是集群政策,主要解决产业集群发展过程中存在的"市场失灵"和"系统失灵"等问题。主要依赖内源动力发展起来的产业集群面临着市场的不确定性和环境的剧烈改变,从而导致市场失灵和系统失灵。政府的主要作用就是处理市场和系统的风险问题,避免产业集群依靠自身力量而造成的过多时间和成本的损失,弥补市场和系统的不足,提高产业集群的效率。此外,政府还可以通过制定一系列的财税政策、鼓励投资来解决产业集群自发发展过程中存在的资金不足问题。

即便是在市场经济高度发达的欧美发达国家,政府也都毫无例外地对产业集群实行一定程度的扶持和保护政策,而在市场经济发展尚不完善的中国,各级政府更是应该加大对产业集群的支持力度。同时,不同于工商业,农业除了要面临市场风险外,还要承担极大的自然风险。因此,政府在农业产业集群的形成和发展过程中,应该承担更大的责任。而对于政府在农业产业集群形成和发展过程中所承担的主要角色,不同学者有不同的看法。周新德(2008)指出,作为农业产业集群的重要行为主体,以及形成农业产业集群外源动力机制的重要因素之一,政府在农业产业集群发展中发挥着不可或缺的作用,是农业产业集群发展机制的极其重要的外在推力,其作用主要体现在四个方面,即提供良好的基础设施建设;打造合理的制度环境以及进行相应的政策扶持;提供有效的公共服务,促进农业产业集群的成长和升级;制定针对性较强的政策,解决农业产业集群中共同面对的一些难题。而刘国新、闫俊周(2010)则从更加宏观的视角,将政府在农业产业集群中承担的职能概括为四个方面,即行政制度、产业政策、产业规划和市场管理。

本部分结合现有文献,同时考虑调查数据的可获得性,将政府行为潜变量表征为如下 4 个二级变量,即行政制度 X_{11}、产业政策 X_{12}、财政投入(主要包括园区、基础设施建设)X_{13}、市场管理 X_{14},并针对政府对农业产业集群发展的影响提出如下假设:

H_2:政府对农业产业集群的发展有正向影响。

3.本地力量

气候、土壤、水源等先天要素禀赋是农业产业集群形成和发展的物质基础,同时,基于本地自然禀赋形成的种养殖传统、习俗乃至文化等更是农业产业集群得以形成并发展的主要推动力,也是产业集群得以长期发展的最稳定的动力因素。这些先天的物质禀赋,以及基于物质禀赋而形成的稳定的风俗、传统和文化共同形成农业产业集群内源动力机制的本地力量,是农业产业集群形成和发展的最本质的内核。

胡平波(2011)认为,自然禀赋是农业产业集群形成和发展的物质基础,而本地社会历史风俗与传统文化是农业产业集群形成和发展"根植性"的社会基础,是本地集群网络结构形成的根本,这其中就包括本地农户创新思想的活跃程度及其他诸多因素。吕文栋、朱华晟(2005)通过企业现场访谈所得的资料进行定性分析,发现地方企业家影响产业集群形成与发展的一般性规律,指出企业家作为稀缺的人力资源,是产业集群形成和发展演变的重要驱动力,不仅表现为其自身企业较好的经济绩效,而且还产生很大的外部性,对本地其他主体产生直接或间接示范作用[1]。作者结合调研实际情况进一步指出,当地农民专业合作经济组织的组建和壮大,也对产业集群的发展起着重要作用。同时,在实地调研过程中,我们认为,企业是否拥有自创品牌,也是衡量本地力量在农业产业集群形成和发展过程中推动力的一个不可忽略的因素。

基于上述理由,我们认为本地力量这一潜变量主要包括 4 个二级指标,即企业家精神 X_{21}、农户创新思维的活跃程度 X_{22}、农民专业合作经济组织的组建 X_{23}、企业自有品牌的创建 X_{24}。针对本地力量对农业产业集群发展的影响提出如下假设:

H_3:本地力量对农业产业集群的发展有正向影响。

4.外来资本

高峰、亓秀华(2008)指出,在农业产业集群形成和发展的过程中,由于优势农业资源的优势,加上大多具有农业资源禀赋的地区资金都相对稀缺,因此,吸引了外部个人和企业的大量投资。与此同时,政府为加快产业集群的建设,一般也会制定并实施特殊的优惠财税政策等来吸引投资。在此过程中,外商投资企业的集中使该区域形成较大的聚集效应,与之相配套的其他相关或互补产业(资本)也会相应地逐步聚集在该区域,

---

① 黄汉权(2007)就指出,如果仅有初始企业,而没有模仿企业,产业集群是不会形成的,即独木不成林;只有模仿者的大量进入才能形成茂盛的"森林"。可见,初始企业产生后,能否形成示范效应,吸引其他创业者在同一地域内模仿跟进,对集群的形成也是至关重要的。

从而更加强化了该地区农业产业集群的形成和发展。

由此可见,外来资金在农业产业集群的形成和发展过程中具有重要的作用。此外,结合实地调研获取的信息和相关文献的结论,发现随着潜江市小龙虾产业集群影响力的不断提升,吸引了大量外来从业人员进入,而这些人力资本的进入,反过来又为潜江市小龙虾产业集群的发展注入了新的活力和新鲜的血液。

外来资本潜变量主要包括 3 个二级变量,即国外资金的注入 X_{31}、区外的国内资金 X_{32}、外来从业人员 X_{33}。针对外来资本对农业产业集群发展的影响提出如下假设:

H_4:外来资本对农业产业集群的发展有正向影响。

7.3 问卷设计、数据来源及处理

7.3.1 问卷设计

与上一章相同,通过阅读大量现有相关文献,结合潜江市小龙虾产业集群形成和发展的实际,同时为了保证实证测度的有效性,在充分参考、吸收各类专家(主要包括高校和科研机构专门研究人员、潜江市水产局等政府部门官员和技术人员、潜江市小龙虾产业相关企业负责人、潜江市小龙虾养殖户等)意见的基础上,针对农业产业集群等 4 个一级指标共设计了 15 个二级指标,构建了潜江市小龙虾产业集群动力机制实证检验的指标体系,见表 7-1。

根据研究需要,将各指标转化为具体问题,设计了口语化的潜江市小龙虾产业集群动力机制的调查问卷,并在试验调查后修正完善。问卷主体的每个问题设计采用李克特量表,实际应用中采用七级量表形式,要求被调查者按 1~7 分进行评判打分,1 分表示对指标定性描述完全不同意,7 分表示对指标定性描述完全同意,其余以此类推。

表 7-1　潜江市小龙虾农业产业集群动力机制分析的指标体系

一级指标	二级指标
政府 X_1	行政制度 X_{11}
	产业政策 X_{12}
	财政投入(园区、基础设施建设) X_{13}
	市场管理 X_{14}
本地力量 X_2	企业家精神 X_{21}
	农户创新思维的活跃程度 X_{22}
	农民专业合作经济组织的组建 X_{23}
	企业自有品牌的创建 X_{24}
外来资本 X_3	国外资金的注入 X_{31}
	区外的国内资金 X_{32}
	外来从业人员 X_{33}
品牌农业 X_4	"公司+合作社+基地+农户"的经营模式 X_{41}
	生产中新技术的应用 X_{42}
	品牌运作创新及品牌认证 X_{43}
	潜江市龙虾节特色产品展销会的宣传力度 X_{44}

7.3.2　样本数据描述性统计

本次调研问卷的调查对象为农民、加工企业工作人员、餐饮企业工作人员、合作社组织成员以及各级政府工作人员,根据调查对象对集群总体发展情况的了解程度,对不同群体发放问卷的数量有所不同。本次研究共发放问卷 400 份,回收问卷 365 份,回收率为 91.25%,剔除无效问卷,获得有效问卷 310 份,有效率为 84.93%,符合随机抽样调查的要求。调查数据中,各变量的描述性统计结果如表 7-2 所示。

表 7-2　变量的描述性统计

	N	极小值	极大值	均值	方差
X_{11}	310	2	7	5.31	2.091
X_{12}	310	2	7	5.20	2.065
X_{13}	310	1	7	5.10	2.093
X_{14}	310	1	7	5.40	1.678
X_{21}	310	1	7	4.79	2.805
X_{22}	310	1	7	4.82	2.923
X_{23}	310	1	7	4.51	3.073
X_{24}	310	2	7	4.75	2.880
X_{31}	310	1	7	4.86	3.000
X_{32}	310	1	7	4.83	2.912
X_{33}	310	1	7	4.88	2.867
X_{41}	310	1	7	4.77	1.258
X_{42}	310	1	7	4.81	1.046
X_{43}	310	1	7	4.83	1.396
X_{44}	310	1	7	5.92	1.269
有效的 N（列表状态）	310				

资料来源:根据实地调查数据计算整理。

7.3.3　信度和效度分析

得到调查数据后,需要采用一系列的数学方法对问卷的质量进行检验和分析,这样能够评价问卷的科学合理性以及检验调查数据的可靠程度和准确程度,以保证问卷调查的质量。这就是问卷的信度和效度检验,本文采用 SPSS 18.0 软件对问卷进行信度和效度分析。

1.信度分析

通过 Cronbach's α 系数来检验各变量的信度(表 7-3),SPSS 18.0 的可靠性分析显示,本问卷总量表的 Cronbach's α 系数为 0.883,具有很好的信度。另外,对各分量表的信度进行检验,各潜变量的 Cronbach's α 系数都在 0.8 以上,也具有非常好的内部一致性,表明本文所使用的数据具有很好的信度。

表 7-3 潜变量的信度检验

潜变量	观测变量个数	Cronbach's α 系数	潜变量	观测变量个数	Cronbach's α 系数
政府	4	0.944	外来资本	3	0.954
本地力量	4	0.960	品牌农业	4	0.847

2.效度分析

为确保研究的可靠性,对问卷所获得的数据进行效度检验,得到农业产业集群动力机制的 KMO 和 Bartlett 检验的结果如表 7-4 所示,其中,KMO 值为 0.853,大于 0.7,表明该量表的项目比较适合进行因素分析[①]。此外,Bartlett 球体检验的显著性系数的 Sig = 0.000 < 0.05,说明数据相关矩阵不是单位矩阵,适合做因素分析。样本数据较好地支持测量量表,即效度较好。

表 7-4 KMO 和 Bartlett 的检验

取样足够度的 Kaiser–Meyer–Olkin 度量		0.853
Bartlett 的球形度检验	近似卡方	4892.727
	Df	105
	Sig	0.000

7.4 模型拟合评价

7.4.1 建模及检验

在上一节对调查数据的信度和效度进行检验的基础上,结合前面的

---

① 根据统计学家 Kaiser(1970) 的解释,KMO 值在 0.9 以上表示非常适合进行因子分析方法,0.8~0.9表示适合,0.7~0.8 表示比较适合,0.6~0.7 表示很一般,0.5~0.6 表示很勉强,0.5 以下表示不适合。

分析框架,运用 AMOS 20.0 软件构建潜江市小龙虾产业集群动力机制的结构方程模型,如图 7-2 所示。"政府""本地力量"和"外来资本"3 个潜变量均对潜江市小龙虾产业集群的发展存在正向影响,且 3 个潜变量之间相互关联,相互作用。

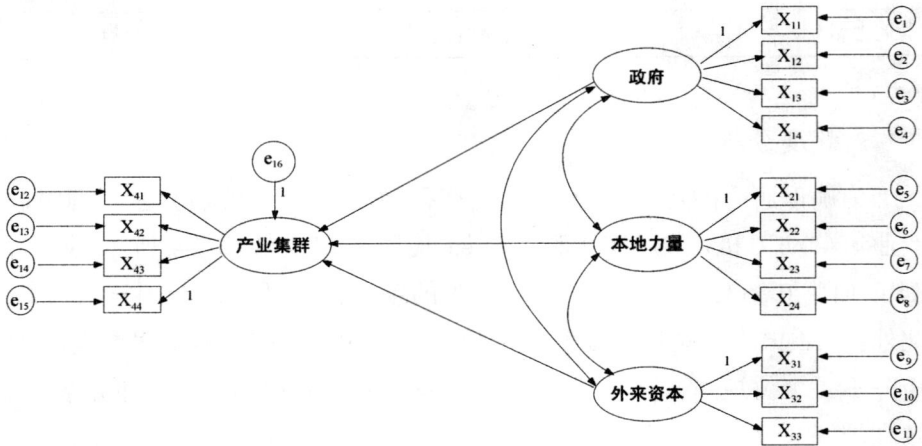

图 7-2 潜江市小龙虾产业集群动力机制研究的结构方程模型

7.4.2 模型修正

根据修正指数,增加了残差项 e7 和潜变量"外来资本"间的相关关系,经过修正和验证,模型的调整改善了大多数拟合指数,得到了一个较为理想的模型,修正前后的适配度检验结果如表 7-5 所示。

从表 7-5 中可以看出,χ^2/Df 降到了 2.006,RMSEA 指数降到了 0.057,达到了适配的标准,其他拟合指数也都达到了参考值标准,因此,修正后的模型能更好地拟合样本数据,验证了本文的假说/假设。

表 7-5 结构方程模型适配度检验

分类	统计检验量	适配的标准或临界值	初始模型	修正模型	适配判断
绝对适配指数	GFI	>0.90 以上	0.908	0.933	良好
	AGFI	>0.90 以上	0.869	0.904	良好
	RMSEA	<0.05 良好	0.081	0.057	合理
增值适配指数	NFI	>0.90 以上	0.950	0.967	良好
	IFI	>0.90 以上	0.966	0.983	良好
	CFI	>0.90 以上	0.966	0.983	良好
	RFI	>0.90 以上	0.937	0.959	良好
简约适配指数	PNFI	>0.50 以上	0.760	0.765	良好
	PGFI	>0.50 以上	0.636	0.646	良好
	χ^2/Df	1<NC<3	3.046	2.006	良好

增加了残差项 e_7 和潜变量"外来资本"的相关关系后的修正模型如图 7-3 所示。

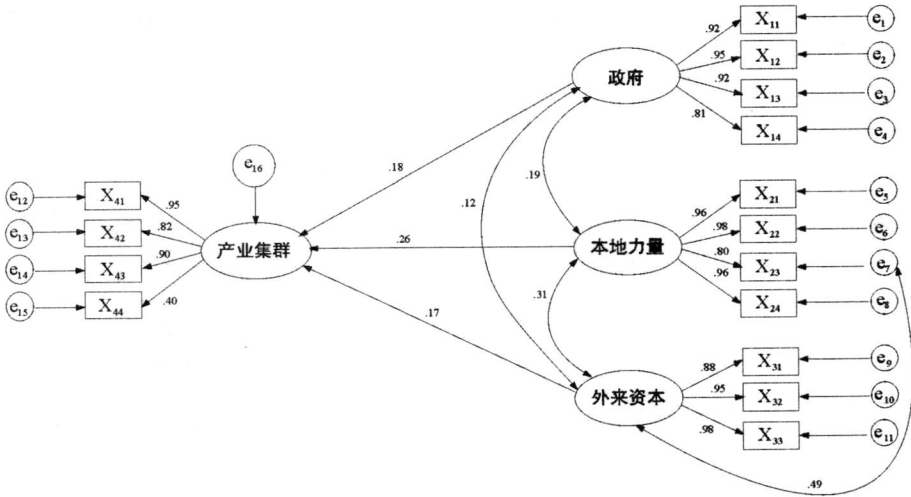

图 7-3 修正后的农业产业集群动力机制研究模型

7.4.3 模型解释

根据修正后的模型拟合结果,可以得出各变量之间的影响机制,接下来从潜变量相互间的关系以及潜变量与观测变量之间的关系两个视角,对拟合后的模型进行解读,进而判断各假设是否成立。

1.潜变量之间的关系

首先,从整体上看,本地力量、政府、外来资本 3 个潜变量对农业产业集群都产生了显著的正向影响,这就验证了全文的 3 个假定,即 H_2、H_3 和 H_4。表明了无论是内源动力本地力量,还是外源动力政府行为和外来资本,都对潜江市小龙虾产业集群发展有着正向的推动作用。

其次,进一步从推动潜江市小龙虾产业集群发展的潜变量推动力大小考察,3 个潜变量中本地力量对潜江市小龙虾产业集群发展的推动力最大,标准化系数达到了 0.264,政府行为对产业集群的推动力居中,标准化系数为 0.181,而外来资本的推动力,标准化系数为 0.169。这一结果在某种程度上也印证了我们实地调研中的判断:在潜江市小龙虾产业集群形成和发展过程中,在内源动力机制下本地力量起着主导作用,当地大量的企业家和农户基于优越的自然资源禀赋和历史大力发展小龙虾养殖,并通过加工和销售不断扩大其规模,从而使得潜江市小龙虾产业集群得以形成和不断发展。同时,针对小龙虾产业集群的发展和外部环境的不断变化,以本地企业家为主导的本地力量不断创新,通过创建特色品牌和组建专业合作经济组织等形式保证产业集群处于不断发展和完善的趋势。在这一过程中,外源动力政府为扶持小龙虾产业,增加企业和农户的收入,制定了一系列的政策,除加大产业集群相关的基础设施建设,提供有效的公共服务外,还通过举办潜江市小龙虾特色产品展销会等形式扩大产业集群的影响力,积极引导外来资本进入小龙虾相关产业的建设和发展。外来资本除给产业集群带来新的物质和人力资本外,更为重要的是给潜江市小龙虾产业集群营造了一个竞争的环境,激发集群的不断发展和进步。

2.潜变量与观测变量之间的关系

首先,从整体来看,4个潜变量与各自的二级观测变量间的相关性都较好。

其次,从二级观测变量对各潜变量的贡献来看,对政府行为(X_1)贡献最大的是产业政策(X_{12},0.95),而行政制度(X_{11})和财政投入(X_{13})的贡献均为0.92,市场管理(X_{14})最小,只有0.81,表明未来政府应该加大对潜江市小龙虾产业集群市场的管理力度,从而更好地发挥政府在产业集群中的外源动力机制。本地力量(X_2)的4个二级指标中,农户创新思维的活跃程度(X_{22},0.98)贡献最大,表明在潜江市小龙虾产业集群形成和发展的过程中,本地农户活跃的创新思维起着很大的作用。企业家精神(X_{21},0.96)和自由品牌的创建(X_{24},0.96)也对本地力量的发挥有着较大的贡献。相对而言,农民专业合作经济组织的组建(X_{23},0.80)贡献最小,也从侧面印证了潜江市小龙虾产业发展中组织化程度偏低,使得小农户难以面对激烈的市场竞争环境,制约着本地力量的壮大。在外来资本(X_3)的3个二级指标中,外来从业人员(X_{33},0.98)贡献最大,表明相对于物质资本而言,外来的人员给潜江市小龙虾产业集群带来的影响更大,不仅提供了更充足的人力资本,更为重要的是这些外来人员带来了新的经营理念和新的发展思路。而在实物资本中,区外国内资本(X_{32},0.95)的贡献要大于国外资金的注入(X_{31},0.88),表明当前外来资本中,国内其他地区的资本还是居主导地位,潜江市小龙虾产业集群发展中资本的外向性还不是太高。在表征潜江市小龙虾产业集群发展的潜变量品牌农业(X_4)中,"公司+合作社+基地+农户"的经营模式(X_{41},0.95)的贡献最大,表明经营模式的改进是提升品牌农业乃至提升产业集群的主要举措,未来还要继续探索新的经营模式,保持潜江市小龙虾产业集群的可持续发展动力。而与之相对,潜江市龙虾节特色产品展销会的宣传力度(X_{44},0.40)的贡献就极其有限,未来在继续强化龙虾节特色产品展销会的作用的同时,要进一步探索宣传方式,利用各种新型的宣传方式,加大潜江市小龙虾品牌的宣传力度。

7.5 本章小结

在本章中,通过对潜江市小龙虾产业集群的实地调查,构建了结构方程模型(SEM),实证检验了政府、本地力量、外来资本3个动力要素对农业产业集群发展动力的内在作用机制,并对小龙虾产业集群成熟阶段的动力机制进行了测度和评价。结果表明,在潜江市小龙虾产业集群成熟阶段对产业集群发展起到主导作用的是不断壮大的包含了企业、农户、农民专业合作经济组织等因素的本地力量。其中企业的作用主要体现为不断进取创新的企业家精神以及企业对自由品牌和区域品牌的创建。政府对产业集群的推动力也十分明显,政府通过产业政策的制定、财政投入以及市场管理等多个方面举措,推动着产业集群的发展。而在3个动力因素中,外来资本对产业集群发展的推动力最小。在表征外来资本的3个二级指标中,外来从业人员对外来资本的贡献最大,他们不仅给当地带来了长足的劳动力资本,更为重要的是带来了新的发展思维和经营理念。上述分析结果从侧面印证了潜江市小龙虾产业集群的发展动力主要来自内源动力的本地力量,而外源动力政府和外来资本在这一过程中也起着一定的推动作用。

参 考 文 献

[1]白建国,梁红岩.发展产业集群促进城镇化建设的思考[J].经济问题,
　　2005(2):34-35.

[2]白璐.收入因素与中国劣质品市场的部分逆向选择[J].经济与管理,
　　2007(8):30-33.

[3]陈建军,胡晨光.产业集聚的集聚效应:以长江三角洲次区域为例的理
　　论和实证分析[J].管理世界,2008(6):68-83.

[4]陈建新,姜海.试论城市品牌[J].宁波大学学报:人文版,2004,17(2):
　　77-81.

[5]陈柳钦.产业集聚竞争力理论的演变[J].天府新论,2006(5):45-50.

[6]陈秀山,张可云.区域经济理论[M].北京:商务印书馆,2003.

[7]陈雪梅,李景海.预期、产业集聚演进与政府定位[J].学术交流,2008
　　(4):48-54.

[8]陈迅,陈军.产业集聚效应与区域经济增长关系实证分析[J].华东经
　　济管理,2011,25(2):33-35.

[9]陈振汉,厉以宁.工业区位理论[M].北京:人民出版社,1982.

[10]程昶志,王怡文.我国产业集聚与外国直接投资的关联分析[J].统计
　　　与决策,2007(12):83-85.

[11]程新章.中国农业簇群发展的分析:波特钻石模型的启示[J].农业经
　　　济问题,2002,23(11):20-24.

[12]程学童,王祖强,李涛.集群式民营企业成长模式分析[M].北京:中
　　　国经济出版社,2004.

[13]仇保兴.发展小企业集群要避免的陷阱:过度竞争所致的"柠檬市
　　　场"[J].北京大学学报:哲学社会科学版,1999,36(1):25-29.

[14]仇保兴.小企业集群研究[M].上海:复旦大学出版社,1999.

[15]崔功豪,魏清泉,刘科伟.区域分析与区域规划[M].2版.北京:高等

教育出版社,2006.

[16]戴卫明.产业集群共性技术创新平台的构建与发展[J].商业时代,
2010(12):108-109.

[17]杜贵阳.斯密定理、产业集聚与区域经济一体化[J].世界经济与政治
论坛,2005(1):20-22.

[18]范剑勇,王立军,沈林洁.产业集聚与农村劳动力的跨区域流动[J].
管理世界,2004(4):22-29.

[19]范剑勇.产业集聚与地区间劳动生产率差异[J].经济研究,2006
(11):72-81.

[20]冯德连,王蕾.国外企业群落理论的演变与启示[J].财贸研究,2000
(5):1-5.

[21]冯薇.产业集聚形成机制的理论综述[J].改革,2006(12):113-116.

[22]符正平.论企业集群的产生条件与形成机制[J].中国工业经济,2002
(10):20-26.

[23]符正平.中小企业集群生成机制研究[M].广州:中山大学出版社,
2004.

[24]高峰,亓秀华.我国农业产业集群形成机理分析[J].青岛农业大学学
报:社会科学版,2008(2):12-18.

[25]高鸿雁,武康平.工业化进程中的产业集聚:国外研究综述[J].工业
技术经济,2007(12):140-143.

[26]高升,洪艳.国外农业产业集群发展的特点与启示:以荷兰、法国和美
国为例[J].湖南农业大学学报:社会科学版,2010(2):66-70.

[27]龚虹波,许继琴.国内外产业集聚政策研究综述[J].生产力研究,
2004(10):184-187.

[28]顾强.中国产业集群[M].北京:机械工业出版社,2005.

[29]桂恒恒,朱冠雷.产业集群与城镇化的互动发展研究[J].经济论坛,
2007(13):5-7.

[30]郭欣旺,李莹,陈伟维,等.基于 GEM 模型的甘肃省定西马铃薯农业
产业集群竞争力研究[J].中国科技论坛,2011(3):127-132.

[31]郭昱,顾海英.我国农副食品加工业产业集聚的实证研究[J].山东农

业大学学报:社会科学版,2008(1):84-88.

[32] 郝寿义.区域经济学原理[M].上海:格致出版社,2016.

[33] 何苗.基于分形理论的农业产业集群形成机理研究:兼论河南省鄢陵县花木产业集群[D].开封:河南大学,2009.

[34] 何雄浪,李国平,杨继瑞.我国产业集聚原因的探讨:基于区域效应、集聚效应、空间成本的新视角[J].南开经济研究,2007(6):43-60.

[35] 何奕,童牧.区域内产业转移与产业集聚:以长三角第一类制造业为例[J].改革,2006(9):28-35.

[36] 贺灿飞,潘峰华.产业地理集中、产业集聚与产业集群:测量与辨识[J].地理科学进展,2007(2):1-13.

[37] 贺灿飞,梁进社,张华.区域制造业集群的辨识:以北京市制造业为例[J].地理科学,2005,25(5):521-526.

[38] 洪文生.产业集群区域品牌建设构想:以"安溪铁观音为例"[J].华东经济管理,2005(9):32-35.

[39] 洪艳.现代农业集群式发展研究[D].长沙:湖南农业大学,2009.

[40] 胡大立,谌飞龙,吴群.企业品牌与区域品牌的互动[J].经济管理,2006(5):44-48.

[41] 胡平波.江西省特色农业产业集群发展动力因素的实证[J].华东经济管理,2011(7):19-22.

[42] 胡平波.江西省特色农业产业集群形成与发展的文化生态机理[J].经济地理,2011(9):1534-1538.

[43] 胡永亮.分工、产业集聚与区域经济增长研究[D].西安:西北大学,2006.

[44] 花永剑.农业产业集群研究综述[J].企业活力,2010(12):17-21.

[45] 黄海平,黄宝连.农业优势产业集群形成的动力机制研究:以新疆为例[J].经济体制改革,2012(1):102-106.

[46] 黄汉权.农村产业集群形成机制的动态研究[J].经济研究参考,2007(40):2-13.

[47] 黄艳,孔刘柳.产业集群与城镇化[J].商场现代化,2007(5):247-248.

[48] 贾爱萍.中小企业集群区域品牌建设初探[J].北方经贸,2004(3):

81-82.

[49]贾卫国,陈焕娣.苏北杨树加工企业市场行为分析[J].林业经济问题,2007(10):458-461.

[50]简兆权.战略联盟的合作博弈分析[J].数量经济技术经济研究,1999(8):34-36.

[51]江激宇.产业集聚与区域经济增长:以中国制造业集聚为例[D].南京:南京农业大学,2005.

[52]蒋廉雄,朱辉煌,卢泰宏.区域竞争的新战略:基于协同的区域品牌资产构建[J].中国软科学,2005(11):107-116.

[53]蒋瑛.高技术产业的空间集聚研究[D].成都:四川大学,2003.

[54]金碚.科学发展观与经济增长方式转变[J].中国工业经济,2006(5):5-14.

[55]金祥荣,朱希伟.专业化产业区的起源与演化:一个历史与理论视角的考察[J].经济研究,2002(8):74-82.

[56]靳辉.高新技术产业集聚:理论研究与应用分析[D].西安:西北大学,2006.

[57]景再方,吕杰,刘畅.农业产业集群经济主体技术学习动力分析[J].农业经济,2009(6):17-18.

[58]卡尔·马克思.资本论(第一卷上)[M].中共中央马克思恩格斯列宁斯大林著作编译局,译.北京:中国社会科学出版社,1983.

[59]雷宇.论资源依赖型产业集群的提升:以安徽凤阳县玻璃产业发展为例[J].宁波工程学院学报,2010(4):29-32.

[60]李大垒,仲伟周.产业集群品牌发展模式转换的实证研究[J].商业经济与管理,2008(8):53-60.

[61]李锋,赵曙东,史小庆,等.开放条件下江苏产业集聚现状与形成机制研究[J].世界经济与政治论坛,2005(4):69-72.

[62]李国武.原发型产业集群发展中的品牌战略[C].顾强.中国产业集群(第3辑).北京:机械工业出版社,2005.

[63]李海海,彭中文.基于FDI产业集群发展模式的研究[J].生产力研究,2007(19):110-112.

[64]李玲玲.颇具特色的法国农业[J].河南农业,1998(4):34.

[65]李宁,杨蕙馨.集群剩余与企业集群内部协调机制[J].南开管理评论,2005(2):60-64.

[66]李清均.产业集聚研究综述[J].学术交流,2005(7):101-104.

[67]李荣.颇具特色的法国农业[J].农业科技通讯,2001(5):41.

[68]李小建,李庆春.克鲁格曼的主要经济地理学观点分析[J].地理科学进展,1999,18(2):97-98.

[69]李新权.基于产业集群的区域品牌相关问题分析[M].北京:机械工业出版社,2005.

[70]李毅.鞋业集群(浙江省温州市)总结表[C].顾强.中国产业集群(第3辑).2005.

[71]李永刚.企业品牌、区域产业品牌与地方产业集群发展[J].财经论丛:浙江财经学院学报,2005(1):22-27.

[72]李渝萍.农业产业集群自构的演化机理及其政策效应[J].求索,2007(7):40-42.

[73]梁军.产业集聚:区域经济发展的新选择[J].生产力研究,2005(2):160-162.

[74]梁文玲.基于产业集群可持续发展的区域品牌效应探究[J].经济经纬,2007(3):114-117.

[75]林毅夫.再论制度、技术与中国农业发展[M].北京:北京大学出版社,2000.

[76]刘彬,陈圻,王志华.江苏省IT产业集聚度与劳动生产率的实证分析[J].工业技术经济,2006(3):88-89.

[77]刘斌.产业集聚竞争优势的经济分析[M].北京:中国发展出版社,2004(11):28-29.

[78]刘春霞.产业地理集中度测度方法研究[J].经济地理,2006(5):742-747.

[79]刘国新,闫俊周.评价产业集群竞争力的GEMS模型构建研究[J].科技进步与对策,2010(2):105-108.

[80]刘恒江,陈继祥,周莉娜.产业集群动力机制研究的最新动态[J].外

国经济与管理,2004(7):2-7.

[81]刘恒江,陈继祥.要素、动力机制与竞争优势:产业集群的发展逻辑[J].中国软科学,2005(2):125-130.

[82]刘俊浩,李加明.基于钻石模型的农业产业集群要素分析:以山东寿光蔬菜产业集群为例[J].农村经济,2008(1):47-49.

[83]刘珂.产业集群升级的机理及路径研究[D].天津:天津大学,2007.

[84]刘荣茂,张羽翼.江苏省FDI和产业集聚关系实证研究[J].南京航空航天大学学报:社会科学版,2007,9(3):46-51.

[85]刘世锦.产业集聚及其对经济发展的意义[J].改革,2003(3):64-68.

[86]刘斯敖.产业集聚测度方法的研究综述[J].商业研究,2008(11):64-66.

[87]刘彦平.城市营销战略[M].北京:中国人民大学出版社,2005.

[88]刘艳.产业集聚区域经济差距:以广东为例[J].江苏商论,2007(8):135-138.

[89]刘长全.不完全竞争框架下的产业集聚理论:新经济地理理论研究综述[J].世界经济情况,2009(12):75-82.

[90]娄向鹏.品牌农业:从田间到餐桌的革命[J].中国农村科技,2013(9):30-33.

[91]芦彩梅,梁嘉骅.基于复杂系统视角的产业集群演化研究[J].山西大学学报:哲学社会科学版,2009,32(1):122-126.

[92]陆锋,陈洁.武汉城市圈城市区位与可达性分析[J].地理科学进展,2008,27(4):68-74.

[93]陆国庆.区位品牌:农产品品牌经营的新思路[J].中国农村经济,2002(5):59-62.

[94]陆明祥,张炳申.产业集群、城镇化和"珠三角"区域经济中心的构建[J].现代乡镇,2006(11):70-75.

[95]陆治原.产业集聚理论的历史发展与展望[J].生产力研究,2006(9):50-54.

[96]罗来军,朱艳,罗雨泽.内外资企业产业集聚关系:基于基尼系数的经验研究[J].当代财经,2007(2):87-90.

[97]罗勇.产业集聚、经济增长与区域差距[M].北京:中国社会科学出版社,2007.

[98]吕丙.产业集群的区域品牌价值与产业结构升级:以浙江省嵊州市领带产业为例[J].中南财经政法大学学报,2009(4):47-52.

[99]吕力.产业集聚、扩散与城市化发展[D].武汉:武汉大学,2005.

[100]吕文栋,朱华晟.浙江产业集群的动力机制:基于企业家的视角[J].中国工业经济,2005(4):86-93.

[101]吕晓英,吕胜利.产业集聚效应测算的独立混合横截面数据模型[J].甘肃社会科学,2004(5):232-236.

[102]马建会.产业集群成长机理研究[D].广州:暨南大学,2004.

[103]马中东.基于分工视角的产业集群形成与演进机理研究[D].沈阳:辽宁大学,2006.

[104]迈克尔·波特.国家竞争优势[M].李明轩,邱如美,译.北京:华夏出版社,2002.

[105]孟韬.企业品牌与产业集群发展[C].顾强.中国产业集群(第3辑).北京:机械工业出版社,2005.

[106]莫小玉,曾光.基于SEM模型的农业产业集群竞争力评价:以潜江市小龙虾产业集群为例[J].广东农业科学,2015,42(14):143-148.

[107]潘世明.论产业集聚的经济效应及其政策含义[J].上海经济研究,2008(8):31-37.

[108]蒲佐毅,龚新蜀.基于"钻石模型"的新疆乳业集群竞争力分析[J].产业与科技论坛,2009,8(11):125-128.

[109]钱紫华.深圳文化产业集聚体研究[D].广州:中山大学,2007.

[110]潜江市委宣传部.潜江市龙虾产业发展概况[EB/OL].http://www.hb.xinhuanet.com/2014-06/03/c_1110967849.htm,2014-06-03.

[111]谯薇.农业产业集群的形成机理与政策支持研究[J].农村经济,2011(12):54-57.

[112]秦岭.我国农民专业合作经济组织研究综述[J].扬州大学学报:人文社会科学版,2007,11(5):94-99.

[113] 邵建平,任华亮.区域品牌形成机理及效用传导对西北地区区域品牌培育的启示[J].科技管理研究,2008,28(3):133-134.

[114] 盛楠翔.城市区域品牌评估体系的研究[D].上海:上海交通大学,2011.

[115] 盛世豪."浙江现象"产业集群与区域经济发展[M].北京:清华大学出版社,2004.

[116] 盛亚军.名牌群落效应在区域品牌培育中的作用机理研究[D].长春:吉林大学,2010.

[117] 石培哲.产业集聚形成原因分析[J].经济师,2000(3):18-19.

[118] 时延鑫,李翠霞.基于 GEM 模型的黑龙江省肉牛产业集群竞争力评价[J].中国农学通报,2009,25(21):26-29.

[119] 税伟,陈烈.产业集群竞争力的钻石系统分析框架与应用路径[J].经济问题探索,2009(4):33-39.

[120] 宋海英,刘荣茂.农村中小企业发展的地区差异:基于产业集聚角度的实证分析[J].中国农村经济,2007(5):71-77.

[121] 宋燕平,王艳荣.面向农业产业集聚发展的技术进步效应研究[J].科学学研究,2009,27(7):1005-1010.

[122] 宋玉兰,陈彤.农业产业集群的形成机制探析[J].新疆农业科学,2005,42(S1):205-208.

[123] 孙久文,叶振宇.产业集聚下的区域经济协调发展研究[J].中州学刊,2007(6):64-67.

[124] 孙久文.区域经济学[M].北京:首都经济贸易大学出版社,2006.

[125] 孙丽辉,毕楠,李阳,等.国外区域品牌化理论研究进展探析[J].外国经济与管理,2009,31(2):40-49.

[126] 孙洛平,孙海琳.产业集聚的交易费用模型[J].经济评论,2006(4):111-117.

[127] 孙晓华.产业集聚效应的系统动力学分析[J].科技管理研究,2007,27(12):248-249.

[128] 谭文柱,王辑慈,陈倩倩.全球鞋业转移背景下我国制鞋业的地方集群升级——以温州鞋业集群为例[J].经济地理,2006,26(1):60-

65.

[129] 汤永林.产业集聚视角下的外国直接投资与经济发展研究[D].南京:南京理工大学,2005.

[130] 唐华俊,罗其友.农产品产业带形成机制与建设战略[J].中国农业资源与区划,2004,25(1):1-6.

[131] 唐颖,张慧琴.基于 SEM 结构方程的区域科技竞争力评价模型构建[J].科学管理研究,2013,31(1):79-83.

[132] 陶怀颖.我国农业产业区域集群形成机制与发展战略研究[D].北京:中国农业科学院,2006(12):230-230.

[133] 滕飞,蒋毅一.江苏省产业集聚对 FDI 流入影响的研究[J].商场现代化,2006(1):282-283.

[134] 佟光霁,王卫.区域品牌次品市场成因及质量改善机制的探讨[J].哈尔滨商业大学学报:社会科学版,2011(5):7-10.

[135] 王德业.区域形象浪潮[M].北京:新华出版社,1998.

[136] 王栋.基于专业化水平分工的农业产业集聚机理研究[J].科学学研究,2007,25(a02):292-298.

[137] 王栋.我国农业产业集聚区形成机理研究[M].北京:中国传媒大学出版社,2009.

[138] 王昊.日本"一村一品"运动的精髓与启示[J].北京行政学院学报,2006(2):9-11.

[139] 王缉慈,等.创新的空间:企业集群与区域发展[M].北京:北京大学出版社,2001.

[140] 王建刚,赵进.产业集聚现象分析[J].管理世界,2001(6):192-192.

[141] 王锦旺,张洪吉,张现强,等.内生性农业产业集群演化机理研究[J].农村经济,2008(4):40-42.

[142] 王静.产业集群发展过程中的区域品牌问题研究[D].长春:吉林大学,2007.

[143] 王凯,王永乐.FDI 区位选择与产业集聚及启示[J].武汉金融,2007(8):17-18.

[144] 王雷.企业集群内部价格战的经济学分析:以浙江永康保温杯企业

集群为例[J].价格理论与实践,2004(9):56-57.

[145] 王晓燕,郑京淑.浅析产业集群下的"苏州模式"[J].经济与管理,2007,21(4):23-28.

[146] 王艳荣,刘业政.农业产业集聚形成机制的结构验证[J].中国农村经济,2011(10):77-85.

[147] 王兆峰,刘百花.民族地区农业产业集群发展动力机制研究[J].民族论坛,2012(8):65-68.

[148] 王震,唐欣.基于钻石理论的河北省农业产业集群分析[J].安徽农业科学,2010,38(9):4832-4833.

[149] 王志敏.从集聚到集群:产业集群形成机制分析[J].企业经济,2007(2):39-42.

[150] 王中,卢昆.高端特色品牌农业的基本内涵及其经验启示:以平度"马家沟芹菜"品牌培育为例[J].农业经济问题,2009(12):42-46.

[151] 王子龙,谭清美,许箫迪.高技术产业集聚水平测度方法及实证研究[J].科学学研究,2006(5):706-714.

[152] 王子龙.产业集聚水平测量的实证研究[J].中国软科学,2006(3):109-116.

[153] 韦倩.合作经济学理论构建基础及其企业理论[D].济南:山东大学,2006.

[154] 魏后凯.论我国产业集群的自主创新[J].中州学刊,2006(3):30-34.

[155] 魏江.产业集群:创新系统与技术学习[M].北京:科学出版社,2003.

[156] 魏守华,石碧华.论企业集群的竞争优势[J].中国工业经济,2002(1):59-65.

[157] 文玫.中国工业在区位上的重新定位和聚集[J].经济研究,2004(2).

[158] 巫景飞.我国经济型酒店服务质量的 IPA 分析:以如家快捷与锦江之星为调查对象[J].华东经济管理,2007(21).

[159] 吴波.FDI 知识溢出与本土集群企业成长:基于嘉善木业产业集群

的实证研究[J].管理世界,2008(10):87-95.

[160] 吴殿廷.区域经济学[M].北京:科学出版社,2003.

[161] 吴坚.变迁中的荷兰农业及启示[J].农业展望,北京农业信息网,2007(11):29-33.

[162] 吴立力,孙畅.长江上游地区产业集聚的测度及比较[J].统计与决策,2007(14):65-68.

[163] 吴明隆.结构方程模型:AMOS 的操作与应用[M].2 版.重庆:重庆大学出版社,2010.

[164] 吴强军.浙江省中小企业集群化成长影响因素实证研究[D].杭州:浙江大学,2004.

[165] 吴勤堂.产业集群与区域经济发展祸合机理分析[J].管理世界,2004(2):133-134.

[166] 吴学花.中国产业集聚分析:以制造业为例[D].济南:山东大学,2006.

[167] 夏曾玉,谢健.区域品牌建设探讨:温州案例研究[J].中国工业经济,2003(10):43-48.

[168] 向会娟,曹明宏,潘泽江.农业产业集群:农村经济发展的新途径[J].农村经济,2005(3):47-49.

[169] 向世聪.产业集聚理论研究综述[J].湖南社会科学,2006(1):92-98.

[170] 肖阳,谢远勇.产业集群视角下的区域品牌培育模式分析[J].福州大学学报:哲学社会科学版,2010(6):26-30.

[171] 肖志明.晋江体育特色产业区域品牌演进模式研究[J].安徽农业大学学报:社会科学版,2011(1):61-64.

[172] 辛宝海.从分工利益的获取看农业产业化的障碍[J].山东省农业管理干部学院学报,2003(1):25-28.

[173] 熊爱华,汪波.基于产业集群的区域品牌形成研究[J].山东大学学报:哲学社会科学版,2007(2):84-89.

[174] 熊爱华.基于产业集群的区域品牌培植模式比较分析[J].经济管理,2008(8):80-85.

[175] 徐康宁.当代西方产业集群理论的兴起、发展和启示[J].经济学动态,2003(3):70-74.

[176] 徐康宁.开放经济中的产业集群与竞争力[J].中国工业经济,2001(11):22-27.

[177] 徐维祥,唐根年,陈秀君.产业集群与工业化、城镇化互动发展模式研究田[J].经济地理,2005,25(6):868-872.

[178] 徐永良.农村劳动力转移效率工资与产业集聚的规模[J].工业技术经济,2007(10):108-113.

[179] 亚当·斯密.国民财富的性质和原因的研究[M].郭大力,王亚南,译.北京:商务印书馆,1972.

[180] 杨得前,严广乐,李红.产学研合作中的机会主义及其治理[J].科学学与科学技术管理,2006(9):38-41.

[181] 杨建梅,黄喜忠,张胜涛.区域品牌的生成机理与路径研究[J].科技进步与对策,2005(12):22-24.

[182] 杨丽,王鹏生.农业产业集聚:小农经济基础上的规模经济[J].农村经济,2005(7):53-55.

[183] 杨伟民.资源型产业集群竞争优势的动态演变路径[J].内蒙古大学学报:人文社会科学版,2005(7):90.

[184] 杨小凯,黄有光.专业化与经济组织[M].北京:经济科学出版社,1999.

[185] 杨小凯.发展经济学[M].北京:社会科学文献出版社,2003.

[186] 杨秀山,张可云.区域经济理论[M].北京:商务印书馆,2003.

[187] 杨佐飞.基于产业集群的浙江区域品牌建设策略[J].改革与战略,2011(6):135-138.

[188] 姚林如,李莉.劳动力转移、产业集聚与地区差距[J].财经研究,2006(8):135-143.

[189] 易余胤.经济活动中的机会主义行为研究[J].暨南学报:哲学社会科学版,2006(1):25-31.

[190] 尹成杰.新阶段农业产业集群发展及其思考[J].农业经济问题,2006(03).

[191]于树江,刘静霞,李艳双.产业集群成长阶段的动力因素研究[J].河北工业大学学报,2011,40(2):82-85.

[192]袁欣,李深远.产业集聚与对外贸易:广东电子产业的实证分析[J].经济理论与经济管理,2007(1):60-63.

[193]曾光.农业产业集群动力机制研究:一个文献综述[J].湖北经济学院学报,2013,11(4):37-42.

[194]张春法,冯海华,王龙国.产业转移与产业集聚的实证分析[J].统计研究,2006(12):45-47.

[195]张聪群.创建区域品牌:产业集群竞争力提升的战略选择[J].商业研究,2006(18):114-117.

[196]张国亭.产业集聚品牌内涵类型与效应探讨[J].中国石油大学学报:社会科学版,2008(12):27-30.

[197]张晗,吕杰.农业产业集群影响因素研究.[J].农业技术经济,2011(2):85-91.

[198]张宏升.基于GLM模型对内蒙古奶业产业集群的分析[J].内蒙古财经学院学报,2007(5):55-59.

[199]张宏升.我国农业产业集聚影响因素分析[J].价格月刊,2007(9):19-21.

[200]张宏升.中国农业产业集聚研究[D].北京:中国农业大学,2007.

[201]张辉.产业集群竞争力的内在经济机理[J].中国软科学,2003(1):70-74.

[202]张建斌.农业产业集群形成过程中的市场失灵与政府作用[J].农村经济,2011(5):54-57

[203]张丽,韦光,左停.农业产业集群的形成与政府的发展干预:京郊平谷区大桃产业集群的个案分析[J].中国农业大学学报:社会科学版,2005(4):12-15.

[204]张翎,窦静雅.空间经济学视角下的产业集聚与区域经济增长研究[J].工业技术经济,2007(7):79-81

[205]张敏.产业集群生成与发展的动力机制分析[J].商业时代,2011(1):99-101.

[206] 张明倩,臧燕阳,张琬.产业集聚与新企业进入的计数模型分析[J].数理统计与管理,2007(2):297-302.

[207] 张明倩.中国产业集聚现象统计模型及应用研究[M].北京:中国标准出版社,2007.

[208] 张廷海,武云亮.农业产业集群的发展模式与演化机理:以安徽省为例[J].华东经济管理,2009(7):15-18.

[209] 张挺,苏勇,张焕勇,曹振华.论区域品牌的营销[J].管理现代化,2005(6):35-37.

[210] 张维迎.博弈论与信息经济学[M].上海:上海人民出版社,1996.

[211] 张旭明.产业集群持续成长因素分析与实证研究[D].长春:吉林大学,2008.

[212] 张宇,蒋殿春.FDI、产业集聚与产业技术进步:基于中国制造行业数据的实证检验[J].财经研究,2008(1):72-82.

[213] 张元智.产业集聚与区域竞争优势探讨[J].国际贸易问题,2001(9):33-36.

[214] 赵淑玲,曹康.产业集群与城市化关系问题研究[J].河南社会科学,2005,13(2):136-138.

[215] 周维颖.新产业区演进的经济分析[M].上海:复旦大学出版社,2004:312-330.

[216] 周新德.基于生命周期阶段的农业产业集群形成和演化机理分析[J].经济地理,2009(7):1134-1138.

[217] 周新德.先天禀赋、动力机制和农业产业集群发展[J].农村经济,2008(7):62-64.

[218] 周新庄.从分工看农民增收[J].开发研究,2005(1):43-45.

[219] 周雪松,浏颖.我国农业产业集群式发展研究.农业经济问题,2007(s1):39-42.

[220] 朱华晟,盖文启.产业的柔性集聚及其区域竞争力实证分析:以浙江大唐袜业柔性集聚体为例[J].经济理论与经济管理,2001(11):70-74.

[221] 朱华晟.基于 FDI 的产业集群发展模式与动力机制:以浙江嘉善木

业集群为例[J].中国工业经济,2004(3):106-112.

[222]朱华晟.浙江产业群:产业网络、成长轨迹与发展动力[M].杭州:浙江大学出版社,2003.

[223]朱荣林.走向长三角:都市圈经济宏观形势与体制改革视角[M].上海:学林出版社,2003.

[224]庄晋财.企业集群地域根植性的理论演进及政策含义[J].安徽大学学报:社会科学版,2003(7):93-98.

[225]AKERLOF G.The Market for "Lemons": Quality Uncertainty and the Market Mechanism [J].Quarterly Journal of Economics,1970, 84(3): 488-500.

[226]AZIZ K A, RICHARDSON S, AZIZ N. Cluster Lifecycle: A Case Study of the Glasgow-Edinburgh Corridor[J]. International Proceedings of Economics Development & Research, 2011.

[227]AMITI M. New Trade Theories and Industrial Location in the EU: A Survey of Evidence [J]. Oxford Review of Economic Policy,1998,14 (14):45-53.

[228]KUMAR A, YADAV A K, SREEKRISHNAN, et al. Treatment of low strength industrial cluster wastewater by anaerobic hybrid reactor[J]. Bioresour Technol, 2008,99(8):3123-3129.

[229]RODRíGUEZ-CLAREA. Clusters and comparative advantage: Implications for industrial policy[J]. Ssrn Electronic Journal, 2005, 82(1): 43-57.

[230]ANTONELLI C.Technical Districts Localized Spillovers and Productivity Growth: The Italian Evidence on Technological Externalities in the Core Regions[J].International Review of Applied Economics,1994, 8 (1):18-30.

[231]BARKLEY D L.The Decentralization of High-Technology Manufacturing to Nonmetropolitan Areas[J].Growth and Change,1988,19(1):13-30.

[232]BARKLEY D L, HINSCHBERGER S. Industrial Restructuring: Implications for the Decentralization of Manufacturing to Nonmetropolitan Ar-

eas[J]. Economic Development Quarterly: The Journal of American Economic Revitalization,1992,6(1):64-79.

[233]BARTIK T J.Who Benefits from State and Local Economic Development Policies? [J].Economic Geography,1992,45(2):457-459.

[234]BERMAN E, J BOUND, Z GRILICHES.Changes to the Demand for Skilled Labor Within U.S.Manufacturing: Evidence from the Annual Survey of Manufacturers [J].Social Science Electronic Publishing, 1994,109(2):367-97.

[235]BERNAT G A.Manufacturing Restructuring and Rural Economies; Job Growth but Lagging Wages[M].Rural Develop Perspectives,1994.

[236]BROWN D J, PHEASANT J.Sources of Cyclical Employment Instability in Rural Counties[J].American Journal of Agricultural Economics, 1987,69(4):819-827.

[237]BAPTISTA R, SWANN P.Do Firms in Clusters Innovate More? [J]. Research policy,1998,27(5):525-540.

[238]BARRO R J.Economics Growth in a cross section of countries[J]. Quarterly Journal of Economic,1991,106(2):407-443 .

[239]BANDIERA O, RASUL I. Social Networks and Technology Adoption in Northern Mozambique[J]. The Economic Journal, 2006,116(514): 869-902.

[240]BELLEFLAMME P. An Economic Theory of Regional Clusters [J] . Journal of Urban Economics,2000,48 :158-184.

[241]BESLEY T, CASE A.Modeling technology adoption indeveloping countries[J].American Economic Review,1993,83(2):396-402.

[242]BISCHI G I, GARDINI L, KOPEL M. Spillover effects and the evolution of firm clusters [J].Journal of Economic Behavior & Organization, 2003,50(1):47-75.

[243]BRENDA P, JOHN S. City branding: Can goods and services branding models be used to brand cities? [J].Place Branding and Public Diplomacy,2005,1(3):242-264.

[244] CASELLI F. Technological revolutions [J]. American Economic Review, 1994, 89(89):78-102.

[245] CASELLI F, COLEMAN W J. Cross-country Technology Diffusion: The Case of Computers[J]. American Economic Review, 2001, 91(2): 328-335.

[246] CONLEY T G, UDRY C R. Learning about a new technology: Pineapple in Ghana[J]. American Economic Review, 2010, 100(1):35-69.

[247] STEINLE C, SCHIELE H. When do industries cluster? A proposal on how to assess an industry's propensity to concentrate at a single region or nation [J]. Research Policy, 2002, 31(6):849-858.

[248] ROVEDA C, VECCHIATO R. Foresight and innovation in the context of industrial clusters: The case of some Italian districts [J]. Technological Forecasting & Social Change, 2008, 75(6):817-833.

[249] LIN C H, TUNG C M, HUANG C T. Elucidating the industrial cluster effect from a system dynamics perspective [J]. Technovation, 2006, 26 (4):473-482.

[250] CHIARONI D, CHIESA V. Forms of creation of industrial clusters in biotechnology [J]. Thchnovation, 2006, 26(9):1064-1076.

[251] BARKLEY D L, HENRYB M S. Rural Industrial Development: To Cluster or Not to Cluster? [J]. Applied *Economic Perspectives and Policy, 1997, 19(2):308-325.

[252] DICKEN P, KELLY P F, OLDS K, et al. Chains and Networks, Territories and Scales: Towards a Relational Framework for Analysing the Global Economy [J]. Global Networks, 2001, 1(2):89-112.

[253] Audretsch D B, Feldman M P. R&D Spillovers and the Geography of Innovation and Production[J]. American Economic Review, 1996, 86 (3):630-640.

[254] YORK D W. An industrial user's perspective on agglomeration development [J]. Powder Technology, 2003, 130(1):14-17.

[255] EDWARD J F, EDWARD M BERGMAN. National Industry Cluster

Templates: A Framework for Applied Regional Cluster Analysis [J]. Regional Studies,2000,34(1):1-19.

[256] YAMAMURA E, SHIN I.Dynamics of agglomeration economies and regional industrial structure:The case of the assembly industry of the Greater Tokyo Region, 1960—2000 [J].Structural Change and Economic Dynamics,2007,18(4):483-499.

[257] VERHOEF E T, NIJKAMP P. Externalities in urban sustainability Environmental versus localization-type agglomeration externalities in a general spatial equilibrium model of a single-sector monocentric industrial city [J].Ecological Economics,2000,40(2):157-179.

[258] KHAN F I, ABBASI S A.An assessment of the likelihood of occurrence, and the damage potential of domino effect(chain of accidents)in a typical cluster of industries [J].Journal of Loss Prevention in the Process Industries,2001,14(4):283-306.

[259] FOSTER A D, ROSENZWEIG, MARK R.Learning by doing and learning from others:Human capital and technical change in agriculture[J]. Journal of Political Economy,1995,103(6):1176-1209.

[260] FRIEDMAN D, FUNG K C.International Trade and the Internal Organization of Firms:An Evolutionary Approach [J]. Journal of International Economics,1996,41:113-137.

[261] FUJITA M, KRUGMAN P, VENABLES A J. The Spatial Ecomomy: Cities, Regions and InternationalTrade[M].Boston:MIT Press,2001.

[262] ELLISON G, GLAESER E E. Geographic Concentration in U.S. Manufacturing Industries:A Dartboard Approach[J]. Journal of Political Economy,1997,105(5):889-927.

[263] GEREFFI G.Global Production Systems and Third World Development [M].New York:Cambridge University Press,1995.

[264] DURANTON G, OVERMAN H G. Testing for Localization Using Micro-Geographic Data[J]. Review of Economic Studies,2005,72(4): 1077-1106.

[265]ALLEN GEORGE. Place Branding: New Tools for Economic Development[J]. Design Management Review,2010,18(2):60-68.

[266]GINE X, KLONNER S.Credit constraints as a barrier to technology adoption by the poor: Lessons from South Indian small scale fishery [J]. Policy Research Working Paper,2005:84-89.

[267]GRANOVETTER M.Economic Action and Social Structure: The Problem of Embeddedness [J].Blackwell Publishers Ltd,2015,91(3): 481-510 .

[268]DOOLEY G, BOWIE D. Place brand architecture: Strategic management of the brand portfolio[J]. Place Branding and Public Diplomacy, 2005,1(4):402-419.

[269]HSU C W, CHIANG H C.The Government Strategy for the Upgrading of Industrial Technology in Taiwan[J]. Technovation,2001,21(2): 123-132.

[270]HEAL G.Do Bad Products Drive out Good? [J]. Quarterly Journal of Economic,1976,90(3):499-502.

[271]WALLNER H P. Towards sustainable development of industry: networking, complexity and eco-clusters[J]. Journal of Cleaner Production, 1999,7(1):49-58.

[272] HELMAN E. Innovation, Imitation and Intellectual Property Rights [J].Review of Development Economics,1992,61(6):1247-1280.

[273]WEIJLAND H. Microenterprise Clusters in Rural Indonesia: Industrial Seedbed and Policy Target[J]. World Development, 1999, 27(9): 1515-1530.

[274]HENDEL L, LIZZERI A. The Role of Leasing under Adverse Selection [J]. Journal of Political Economy,2002,110(1):113-143.

[275]HAYAMI Y.Toward the rural-based development of commerce and industry: Selected experiences from East Asia [J]. Edi Learning Resources,1998 .

[276]HUMPHREY J, SCHMITS H.The triple C approach to local industrial

policy[J].World Development,1996,24(12):1859-1877.

[277]IRWIN D A, KLENOW P J. Learning by doing spillovers in the semi-conductor industry[J]. Journal of Political Economy,1994,102(6): 1200-1227.

[278]KRAFFT J. Entry, exit and knowledge: evidence from a cluster in the info-communications industry[J]. Research Policy,2004,33(10): 1687-1706.

[279]BAIR J, GEREFFI G. Local Clusters in Global Chains: The Causes and Consequences of Export Dynamism in Torreon's Blue Jeans Industry[J]. World Development,2001,29(11):1885-1903.

[280]CALLOIS J M. The two sides of proximity in industrial clusters: The trade-off between process and product innovation[J]. Journal of Urban Economics,2008,63(1):146-162.

[281]COHEN J P, PAUL C J M. Agglomeration economies and industry location decisions: the impacts of spatial and industrial spillovers[J]. Regional Science & Urban Economics,2001,35(3):215-237.

[282]JOYCE P,WOODS A,BLACK S.Networks and Partnership: Managing Change & Competition[J]. Journal of Small Business & Enterprise Development,1995,2(1):11-18.

[283]MAJOR J, JAKAB M G, TOMPA A. Genotoxicological monitoring of 175 subjects living in the green belts, inner town or near chemical industrial estates in Greater Budapest agglomeration, Hungary[J]. Mutation Research/fundamental & Molecular Mechanisms of Mutagenesis, 1998,412(1):9-16.

[284]IETTO-GILLIES G, DUNNING J H. The Globalization of Business: The Challenge of the 1990s[J]. Wear,1993,104(427):343-356.

[285]TAN J. Growth of industry clusters and innovation: Lessons from Beijing Zhongguancun Science Park[J]. Social Science Electronic Publishing,2006,21(6):827-850.

[286]JOSÉ C P, JORGE C M. Path dependence in regional development:

Persistence and change in three industrial clusters in Santa Catarina, Brazil[J]. World Development,1998,26(8):1495-1511.

[287] JOVANOVIC B,NYARKO Y. Learning by Doing and the Choice of Technology[J].Econometrica,1996,64(6):1299-1310 .

[288] SZYMOCHA K. Industrial application of the agglomeration process [J]. Powder Technology,2003,130(1-3):462-467.

[289] DINNIE K. Place branding: Overview of an emerging literature[J]. Place Branding and Public Diplomacy,2004,1(1):106-110.

[290] KRUGMAN P.Scale Economies, Product Differentiation and the Pattern of Trade[J]. American Economic Review,1980,70(5):950-959.

[291] KRUGMAN P.Making sense of the competitiveness debate [J].Oxford Review of Economic Policy,1996,12(3):17-25.

[292] KRUGMAN P.Complex Landscapes in Economic Geography [J].American Economic Review,1994, 84(2):412-416 .

[293] KRUGMAN P.What's new about the new economic geography? [J]. Oxford Review of Economic Policy, 2014(2):7-17.

[294] KRUGMAN P.Increasing Returns and Economic Geography[J].Journal of Political Economy,1991,99(3):483-499.

[295] LANDES D S.The Unbound Prometheus: Technological Change and Industrial Development in Western Europe from 1750 to the Present[J]. ISIS,1970,61(2):150-151.

[296] LANJOUW J O, LANJOUW P F. Rural Nonfarm Employment: A Survey[J]. Policy Research Working Paper,1995,29(3):455-465.

[297] LODGE C.Success and failure: The brand stories of two countries [J]. Journal of Brand Management,2002,9(4):372-384.

[298] MANSKI C F. Identification of Endogenous Social Effects: The Reflection Problem[J]. 1993,60(3):531-542.

[299] FUJITA M. Economics of Agglomeration: Cities, Industrial Location and Regional Growth[J]. The Economic Journal, 2003, 113 (488): F395-F397.

[300] FREEDMAN M L. Job hopping, earnings dynamics, and industrial ag-glomeration in the software publishing industry[J]. Journal of Urban E-conomics,2008,64(3):590-600.

[301] BELL M, ALBU M. Knowledge Systems and Technological Dynamism in Industrial Clusters in Developing Countries[J]. World Development, 1999,27(9):1715-1734.

[302] MAY R M. Simple mathematical models with very complicated dynam-ics[J]. Nature,1976,261(5560):459-467.

[303] MENZEL M P, FORNAHL D.Cluster life cycles-dimensions and ration-ales of cluster development [J].Industrial & Corporate Change,2017, 19(1):205-238.

[304] GORT M, KLEPPER S. Time Paths in the Diffusion of Product Innova-tions[J]. Economic Journal,1982,92(367):630-653.

[305] GOULD M, SKINNER H. Branding on ambiguity? Place branding without a national identity: Marketing Northern Ireland as a post-con-flict society in the USA[J]. Place Branding and Public Diplomacy, 2007,3(1):100-113.

[306] MIHAILOVICH P. Kinship branding: A concept of holism and evolu-tion for the nation brand[J]. Place Branding and Public Diplomacy, 2006,2(3):229-247.

[307] TEWARI M. Successful Adjustment in Indian Industry: the Case of Ludhiana's Woolen Knitwear Cluster[J]. World Development,1999,27 (9):1651-1671.

[308] MUNSHI K.Social learning in a heterogeneous population:Technology diffusion in the Indian Green Revolution[J]. Journal of Development Economics,2004,73(1),185-213.

[309] NAKAMURA T, OHASHI H. Effects of technology adoption on produc-tivity and industry growth: A study of steel refining furnaces[J].Journal of Industrial Economics,2008,56(3),470-499.

[310] CALDWELL N, FREIRE J R. The differences between branding a

country, a region and a city: Applying the Brand Box Model[J]. Journal of Brand Management,2004,12(12):50-61.

[311]PAPADOPOULOS N. Place branding: Evolution, meaning and implications[J]. Place Branding and Public Diplomacy,2006,1(1):36-49.

[312]NAGESHA N, BALACHANDRA P. Barriers to energy efficiency in small industry clusters: Multi-criteria-based prioritization using the analytic hierarchy process[J]. Energy,2006,31(12):1969-1983.

[313]ARITA T, MCCMANN P. Clusters and regional development: Some cautionary observations from the semiconductor industry[J]. Information Economics & Policy,2006,18(2):157-180.

[314]MOROSINI P. Industrial Clusters, Knowledge Integration and Performance[J]. World Development,2004,32(2):305-326.

[315]KOTLER P, GERTNER D. Country as brand, product, and beyond: A place marketing and brand management perspective[J]. Journal of Brand Management,2002,9(4/5):249-261.

[316]PORTER M E.Clusters and the New Economics of Competition[J]. Boston: Harvard Business Review,1998,76(6):77-90.

[317]PIORE M J, SABEL C F. The Second Industrial Divide: Possibilities for Prosperity[J]. American Journal of Sociology,1986,91(5):96.

[318]PADMORE T, GIBSON H.Modelling Systems of Innovation: II. A framework for Industrial Cluster Analysis in Regions[J]. Research policy,1998, 26(6): 625-641.

[319]FORSLID R, MIDELFART K H. Internationalisation, industrial policy and clusters[J]. Journal of International Economics,2005,66(1):197-213.

[320]MOOMAW R L. Agglomeration economies: Are they exaggerated by industrial aggregation? [J]. Regional Science & Urban Economics,1998,28(2):199-211.

[321]IKUTA T, YUKAWA K, HAMASAKI H. Regional branding measures in Japan—Efforts in 12 major prefectural and city governments[J].

Place Branding and Public Diplomacy,2007,3(2):131-143.

[322] MORI T, NISHIKIMI K. Economies of transport density and industrial agglomeration [J]. Regional Science & Urban Economics, 2002, 32 (2):167-200.

[323] LEE T L. Action strategies for strengthening industrial clusters in southern Taiwan [J]. Technology in Society,2006,28(4):533-552.

[324] VISSER E.A comparison of clustered and dispersed firms in the small-scale clothing industry in Lima[J]. World Development,1999,27:1553 - 1570.

[325] WILLIAMSON O E. Transaction-cost Economics: The Governance of Contractual Relations[J]. The Journal of Law and Economics,1979,22 (2):233-261.

[326] WILLIAMSON O E. Transaction cost economics : The comparative contracting perspective[J]. Journal of Economic Behavior & Organization, 1987, 8(4):617-625.

[327] WEIJILAND H.Microenterprise clusters in rural Indonesia: Industrial seedbed and policy target[J].World Development,1999,27(9):1515-1530.

[328] WOOLDRIDGE J M.Econometric analysis of cross section and panel data[M]. 2nd ed. Boston: MIT Press,2010.

[329] YAMAMURA E, SONOBE T, OTSUKA K.Time path in innovation, imitation, and growth: The case of the motorcycle industry in postwar Japan[J]. Journal of Evolutionary Economics,2004,15(2): 169-186.

[330] YOSHIYUKI T, KAJIKAWA Y,SAKATA I, et al.An analysis of geographical agglomeration and modularized industrial networks in a regional cluster: A case study at Yamagata prefecture in Japan [J].Technovation,2008, 28(8):531-539 .

[331] KIMURA Y. Knowledge Diffusion and Modernization of Rural Industrial Clusters: A Paper-manufacturing Village in Northern Vietnam [J]. World Development,2011,39(12):2105-2118.

［332］ZEGER S L, KUNG-YEE L, ALBERT P S.Models for longitudinal da-
ta：A generalized estimation equation［J］.Biometrics，1988，44（4）：
1049-1060.